Was soll diese Heizerei?

Einige sagen es wäre der Kick. Nein, ist es nicht. Ich persönlich kann herzlich auf jeden „Kick" verzichten. Wenn dir bei 210 das Hinterrad unkontrolliert weggeht, gibt es „Kick" ohne Ende, das merkt man durch ein starkes Ziehen in der Magengegend. Da ist es was anderes, wenn das Bike ruhig liegt, du hast das Knie fest auf dem Boden und weißt genau wo du dran bist, zu 100 %.

Motorradfahren ist ein Stück Freiheit. Man wird eins mit dem Moped, es gibt nur noch dieses Gefühl, die Straße und dich. Und wenn man wirklich schnell ist, gibt es auch keine Zeit mehr für Gedanken. Gedanken sind in dieser schnellen Welt zu langsam - du fährst und weißt. Es ist ein absolutes Losgelöstsein, obwohl es keinen höheren Grad an Konzentration gibt. Es ist die Konzentration auf völlige Freiheit. Jeder der wirklich heftig schnell unterwegs ist wird dies bestätigen.

Alle anderen werden von solcher Angst verfolgt, dass sie immer eingeholt werden.
Ängste und Sorgen!

Wolfgang Fries

Dieses Buch soll denen gewidmet sein, die mit hoher Geschwindigkeit umgehen können, und genug Verstand haben dies dort zu tun, wo die Gefahr einschätzbar ist.

„Wer die Gefahr kennt, kann ihr begegnen!"

Ein As auf der
Nürburgring-Nordschleife

- Das Handbuch -

Impressum

Urheberrechte und Freigaben

An dieser Stelle möchte ich mich bei der Nürburgring Automotive GmbH Marketing Abteilung bedanken, die nach Einsicht in das Skript keine Verletzung der Urheberrechte durch die Fotos und Skizzen sieht und die Nutzungsrechte der in diesem Buch verwendeten Bilder und Skizzen erteilt.

Buchgestaltung und Satz:

Wolfgang Fries
Kontakt: Friesway@online.de

Korrektorat:

Nico Reuter

Herstellung und Verlag:

BoD - Books on Demand
In de Tarpen 42
22848 Norderstedt; Deutschland

ISBN: 978-3-8482-0999-6
1. Auflage 2012, korrigierter Nachdruck 2017 - 6. Version

© 2017 für den Inhalt Wolfgang Fries
© 2017 Books on Demand GmbH, Norderstedt

Bibliografische Information der Deutschen Nationalbibliothek
Die Deutsche Nationalbibliothek verzeichnet diese Publikation in der Deutschen Nationalbibliografie; detaillierte bibliografische Daten sind im Internet über http://dnb.d-nb.de abrufbar.

Das Vorwort von zwei erfahrenen Motorradfahrern:
Ansichtssache

Ich war einige Jahre mit Wolli im Straßenverkehr unterwegs, und zwar so unterwegs, dass man schon unterwegs sein muss, um so unterwegs zu sein. Der gesunde Menschenverstand würde auch kaum eine Steigerung zulassen. Nach mehreren strammen Aktionen und Situationen mit viel Glück, kam ich zu dem Entschluss, dem „High-Speed-Dasein" auf öffentlichen Straßen die Zielflagge zu zeigen. Ich war an einem Punkt angelangt, an dem der Glücksfaktor aufgebraucht und ein GAU (größter anzunehmender Unfall) nur noch eine Frage der Zeit war. Damals war hohe Geschwindigkeit das Ultimative, und das am besten noch in tiefer Schräglage!

Heute sehe ich die Sache aus einer anderen Sicht. Und zwar aus der Sicht der Erfahrung aus dieser Zeit, mit dem Bewusstsein der durchlebten Gefahr, die dieses Tun mit sich brachte. Schnellsein hat heute eine zweitrangige Bedeutung für mich. An erster Stelle steht jetzt Sicherheit, denn nur dann kann man 100%ig Spaß dabei empfinden.

Es ist zum obersten Gebot geworden, nach jedem Ritt auch wieder unzerstört zu Hause anzukommen. Ich finde es auch für sehr wichtig, dass die unerfahrenen Biker sich nicht von anderen über ihren Grenzbereich hetzen lassen. Sehr gefährlich!!!

Genau so liegt es auch in der Verantwortung eines erfahrenen Bikers ein Greenhorn nicht unbedingt in den Tod zu hetzen. Auf der Rennstrecke sieht die Sache natürlich wieder ganz anders aus! Also Jungs, gebt Acht auf euch und bleibt auf eurem Bike sitzen. Habt Spaß mit Sicherheit und Ihr werdet mit Sicherheit Spaß haben.

Ralf Hauprich

Freundschaften

Viele Motorradfahrer lernte ich in Kneipen kennen. Bei so manchem Gespräch wurde es mir heiß und kalt, ob ich wohl bei der ersten gemeinschaftlichen Fahrt mithalten könnte. Doch nach dem Ausritt, wurde ich von meinen Begleitern als total verrückt tituliert. So ergab es sich, dass es über die Jahre gesehen bei zwei „verrückten" Motorradfreunden blieb mit denen ich regelmäßig fuhr. Wenn jemand an seine Grenzen stößt, die sich im Kopf befinden und nicht am Motorrad und er gnadenlos verheizt wird, dann muss wohl der Schnellere verrückt sein!?

Wolfgang und ich trafen uns 1999, obwohl ich seinen Namen und Ruf schon aus den Mopedzeiten her kannte. Wir lernten uns über einen alten Motorradfreund kennen und nicht in einer Kneipe. Bei unserem ersten gemeinschaftlichen Ausritt kam ich an einen Punkt, an dem ich dachte er müsse verrückt sein, doch diesen Gedanken verwarf ich schnell und passte mich lieber seiner Geschwindigkeit an. So fuhren wir etliche Kurven in der Eifel, wo zwischen Wolfgangs Hinterrad und dem Grünstreifen keine zusammengefaltete Saarbrücker Zeitung mehr passte.

An solchen Tagen erreichte ich einen Zustand absoluter Zufriedenheit.

Ralf Hartmann

PS: Ich erinnere mich zweier Aussagen von Ralf, die mir noch immer ein Grinsen ins Gesicht zaubern: „Also in der letzten Rechts den Berg hinunter dachte ich: ‚Jetzt geht ihm aber die Straße aus!". „Wenn ich mit dir auf der Nordschleife unterwegs bin, besteht kaum die Gefahr, dass man überholt wird."

Ein As auf der Nürburgring-Nordschleife

- Das Handbuch -

Inhaltsverzeichnis

Der Beginn

Fangen wir dort an, als alles begann: am Anfang. Mein Vorname ist Wolfgang, und als ich meinen Vater fragte, warum dieser Name, antwortete er: „Der Vorname des schnellsten Rennfahrers in Deutschland zu meiner Jugend- Zeit: Wolfgang Graf Berghe von Trips." Nicht genug, dass ich diesen Namen hatte, mein Vater war Fahrlehrer und begeisterter Rennfahrer mit Auto und Motorrad. Allerdings fand er Motorradrennen interessanter. Er erzählte mir mit Stolz, dass er mit einer 350er Yamaha, Chiacomo Agustini – mehrfacher Weltmeister –, auf dem Nürburgring die Fuchsröhre hinunter überholt hatte.

Damals legte ich mich auf die Rennmaschine meines Vaters, kam kaum mit den Händen an den Lenker und stellte mir vor, wie es ist Rennen zu fahren.

Mit 8 Jahren saß ich zum ersten Mal als Fahrer auf einer MV Agusta, ein fahrbares Schaufenster-Motorrad, lief ganze 50 Sachen. Dazu muss ich sagen, dass mein Daddy uns über Wochen die Nase lang machte, dass wir ein kleines Motorrad bekämen. Irgendwann kam dann ein großes Paket. Mein Bruder und ich wussten direkt, was los war. Obwohl mein Bruder nicht ganz dafür war, packte ich das Motorrad aus, schnappte mir einen Benzinkanister und brachte das Ding zum Laufen. War echt aufregend.

Als ich 12 war geschah der Alptraum eines jeden Motorradfahrers für meinen Vater. Unfall auf dem Hockenheimring. Ein Massensturz direkt in der ersten Kurve. Mein Vater brach sich die Wirbelsäule und sitzt seither im Rollstuhl. Seine Begeisterung für den Rennsport ließ nie nach und trotz seiner Lähmung unterstützte er das Motorradfahren von mir und meinem Bruder.

Mit 15 fuhr ich ein Crossrennen. Beim ersten Lauf fiel ich direkt zweimal runter, wurde aber 26ster, einen Platz vor meinem Bruder. Bei diesem Rennen waren die heutigen Stars vertreten: Harald Ott, Joachim Jasinski, usw. Es waren die aufsteigenden Anfänger in der Szene, ein internationales Feld mit 33 Startern. Beim zweiten Lauf war ich Startsieger und beendete den Lauf als sechster.

Mit dem Crossfahren konnte ich mich nicht so recht anfreunden, also hörte ich damit auf. Nach einem Mofa mit 15, gab es mit 16 Jahren eine Yamaha RD 80 MX. Eine müde Mühle, packte nicht einmal den fünften Gang auf der Ebene. Aber mein Vater kannte sich als gelernter Kfz-Mechaniker aus und wir hauchten der 80er etwas mehr Leben ein. Lief nach Anbau einer Vollverkleidung immerhin 120 km/h.

Mit 18 fuhr ich eine RD 350. Die zerlegte ich allerdings ein halbes Jahr später in einer Kurve mit neuen Vorderradreifen. Wenn dir das Vorderrad wegrutscht, ist oft nicht mehr viel zu machen. Dies war mir allerdings eine Lehre, seitdem nahm ich nach der Montage neuer Reifen raues Schmirgelpapier und schliff die glatte, glänzende Oberfläche weg.

Mit 20 gab es eine gebrauchte Kawa GPZ 900 R, das war 1986. So ziemlich eines der schnellsten Dinger, die man zu dieser Zeit fahren konnte. 117 PS per Tacho 270 km/h. Allerdings war die Bremse eine Katastrophe und wenn man in einer Kurve eine Bodenwelle erwischte fuhr man noch nach 200 Metern Rock'n Roll. Das war mir zu gefährlich, also verkaufte ich die Kiste wieder. Ich wies den Käufer auf den Mangel hin und zwei Wochen später trafen wir uns wieder und er meinte das Ding läge wie ein Brett. Woran das wohl lag?!

Mein Traum war allerdings eine FZR 1000, den ich mir ein Jahr später erfüllte. Ein Wahnsinns-Bike 135 PS, vier Kolben Bremsanlage pro Scheibe vorne, Deltabox-Rahmen, 229 kg Leergewicht und 160er Hinterradreifen - ich meine, heute lacht man darüber. Auf jeden Fall lag dieses Moped echt super! Anfänglich waren die Reifen eine Katastrophe doch später wurde es besser.

1990 machte ich eine Pause und wendete mich wichtigeren Sachen zu. 1995 fing ich wieder an Bike zu fahren. Ich wusste nicht, was ich fahren sollte und nach reiflichem Hin und Her kaufte ich wieder die alte FZR. Die Vorzüge wusste ich zu schätzen, relativ hohe Verkleidungsscheibe welche wirklich vor Wind schützte und keine Show war, relativ geringes Gewicht, die neueren FZR's waren alle schwerer und wuchtiger. Irgendwie saß man im Motorrad und nicht drauf, zudem war die Sitzposition noch angenehm. Im Vergleich zu den neuen 1000ern sah die alte eher aus wie eine 600ter.

Nach einem Frontalcrash mit einem Pkw sah ich mich 1998 dazu veranlasst wieder eine andere zu kaufen, ging auch nicht anders. Später fuhr ich auch mal eine Yamaha R1. Sie war nicht so überzeugend für mich. Man hängt voll im Wind durch die kleine Verkleidung und beim Bremsen hatte ich immer das Gefühl, mich nach vorne überschlagen zu wollen - ich wurde immer leicht aus dem Sitz gehebelt. Anders mit meiner alten FZR. Wenn ich da bremste konnte ich mich richtig am Lenker abstützen. Die Kräfte wurden so übertragen, dass es wie ein geradliniger Druck war und kein Drehmoment. Übrigens machte es mir immer einen Höllenspaß die R1-Jungs auf der Nordschleife mit meiner alten FZR zu zersägen: Fischfutter. ☺

Technik

Geblendet von der Optik der Bikes vergessen viele das Wichtigste, die Technik. Das Motorrad muss technisch gesehen immer topfit sein. Das fängt an mit dem Profil und dem Luftdruck der Reifen, dies sollte regelmäßig geprüft werden, wenn es auf den Ring geht vor jeder Tour. Noch ein Zitat aus dem Fahrerhandbuch für den Nürburgring von Ulrich Thomson: „Bei schnellen Motorrädern ist die an den Rädern auftretende Fliehkraft so groß, dass die kleine Feder des Reifenventils niedergedrückt werden kann. Hierdurch kann es zu einem schleichenden, aber in diesem Geschwindigkeitsbereich fatalen Druckverlust im Reifen kommen. Um dies zu vermeiden, sollten Sie sich metallene Ventilkappen mit einer Gummidichtung besorgen."

Ebenso die Bremsbeläge, nie bis auf den letzten Drücker warten, wechsele sie lieber etwas früher! Der Meister meiner Motorradwerkstatt erzählte mir, dass die Bremsleitungen per Herstellervorschrift nach vier Jahren gewechselt werden müssen. Mach das und baue dir Stahlflex-Leitungen ein, die haben auch nach längerem Gebrauch keinen Druckverlust durch Ausdehnung. Denke an den Wechsel der Bremsflüssigkeit. Nach Herstellerangaben alle zwei Jahre. Bremsflüssigkeit ist hygroskopisch, dies bedeutet wasseranziehend. Hast du einen entsprechenden Wasseranteil in der Bremsflüssigkeit und du bist wirklich schnell unterwegs, bremst immer auf den letzten Drücker, so dass die Bremse heiß wird, dann wird das Wasser anfangen zu kochen und du hast Luft im Bremssystem. Das heißt, du wirst keinen Druck mehr auf die Bremse kriegen! Kümmere dich darum, dass dein Bike wirklich sicher ist, es gibt genug andere Gefahren bei denen du dir das Genick brechen kannst, glaub mir!

Schau auch regelmäßig und vor jeder größeren Fahrt nach Öl- und Kühlflüssigkeitstand, einen Motor zu verheizen ist teuer. Überprüfe auch den Durchhang der Antriebskette. Beachtet unbedingt die Herstellervorschriften. Solltest du den Hinterradreifen demontiert und wieder eingebaut haben, überprüfe nach 5 km Fahrt ob die Kette noch über genügend Durchhang verfügt. Ist sie nach der Montage etwas zu stramm gespannt, wird sie sich noch mehr spannen. Dies kann einen Schaden am Sekundärgetriebe verursachen und wird zu einer teuren Angelegenheit. Schmiere deine Kette regelmäßig. Sie hat es nötig wenn die Laufrollen anfangen silbrig zu werden, ansonsten sind sie schwarz. Kaufe dir kein billiges Kettenspray, nimm etwas Gutes umso länger hast du an der teuren Kette. Wirf sie runter wenn sie verzogen ist und zu viel Seitenspiel hat – siehe dazu auch die Herstellerangaben.

Ein wirklich sicherheitsbewusster Biker macht sich einen schmalen Farbstrich über die Muttern und Schrauben. Sollte sich die Mutter durch Vibration aufdrehen, erkennt man das direkt daran, dass die Farbmarkierung versetzt ist. Zudem dreht man die Schrauben auch nicht ständig fester durch die gelegentliche Kontrolle, wenn man keinen Drehmomentschlüssel hat. Der alte Schlosser weiß ja: Nach fest kommt nie mehr fest! Kümmere dich um deine Maschine. Es ist ein Teil deiner Lebensversicherung!

Noch zum Thema Sicherheit: Trage immer Schutzkleidung, immer. Oft passieren Unfälle bei einer kleinen Fahrt ins Dorf. Es gibt auch „Sommer-Kombis", diese haben eine Vielzahl kleiner Löcher im Leder und somit eine gute Lüftung. Es gibt witterungsgerechte Schutzkleidung. Kurze Story: 1999 bin ich gegen Ende Pflanzgarten mit 220 km/h abgestiegen, es war nach dem zweiten Sprunghügel. An dieser Stelle bin ich aufgrund der hohen Geschwindigkeit „ausgehebelt" worden. Ich hob ab und kam leicht schräg wieder auf – Abflug! Ich hatte außer einem Riss in einem Lendenwirbel fast keinen Kratzer, nur wegen der Schutzkleidung! Dazu muss ich auch sagen, dass ich entlang der Strecke gepurzelt bin, ohne irgendwo einzuschlagen.

Fahrwerk

Die Originaleinstellung von Öhlins war zu hart. Das Federbein arbeitete nicht richtig, es fing an zu hoppeln bei Kurven mit Unebenheiten. Also schnappte ich mir die Einbauanleitung und arbeitete genau nach der Beschreibung. Ich nahm die Federvorspannung etwas zurück, sowohl auch die Druck- und Zugstufe. Zuvor hatte ich von dem ganzen Metier keinen blassen Schimmer, ich kaufte mir ein Buch und arbeitete mich ein. Es gibt da nicht viel zu verstehen. Druckstufe bedeutet einfach, der Widerstand der Feder beim Einfedern und Zugstufe, die Verzögerung der Feder beim Ausfedern. Druck- und Zugstufe müssen gleich sein. Ganz einfach. Die Fachlektüre gibt dir auch deutliche Anhaltspunkte wenn die Stufen zu hoch oder zu niedrig sind.

Nun, ich stellte ein und fuhr, stellte um und fuhr noch mal, immer die gleiche Strecke. Und siehe da, das Fahrwerk begann zu arbeiten! Vorher war es einfach nur hart, aber jetzt, einfach spitze! Deutlich zu sehen war dies an den Flanken des Hinterradreifens. Zuvor lag der Beschleunigungsstreifen im mittleren Drittel des Reifens. Aber jetzt konnte man eindeutig sehen, dass der Abrieb sich im äußeren Drittel befand. Man merkte dies auch sehr gut beim Herausbeschleunigen aus der Kurve. Das Hinterrad hatte definitiv mehr Gripp, das Fahrwerk war nun in der Lage das Hinterrad auf dem Boden zu halten.

Bremsen

Die meisten Motorradjunkies lechzen nach mehr Leistung, wozu? Um schneller geradeaus fahren zu können? Ich ging hin und baute mir Spiegler-Guss-Bremsscheiben ein, dazu Stahlflex Bremsleitungen, vorne Whitepower Gabelfedern und hinten ein Öhlinsfahrwerk, dazu eine kürzere Übersetzung. Nach Tacho lief das Bike zuvor 290, und jetzt 270, immer noch ausreichend, da ich eh selten so schnell fuhr.

Übrigens ist das in der Regel das größte Manko: bremsen! Wenn ich mit anderen Motorradfahrern unterwegs war, hatte ich nach einer Kurve schon 300 Meter Vorsprung. Und dies lag am Bremsen. Motorradfahrer können in der Regel schlecht bremsen. Das heutige Material ist den Fähigkeiten des einzelnen Bikers um Lichtjahre voraus. Bremsen muss man üben. Das macht man am besten auf einem Übungsplatz mit anfänglicher niedriger Geschwindigkeit. Man bremst bis zum Stillstand. Dies sollte man ruhig eine ganze Woche üben, von niedriger bis zu höherer Geschwindigkeit. Man muss mit dem Motorrad fühlen. Du musst merken, wenn das Vorderrad blockiert, um dann die Bremse wieder zu lösen. Bremsen ist das A und O, es muss einfach sitzen, und jede Minute die zum Üben benutzt wird ist keine verschwendete Zeit. Du kannst beim Bremsen so perfekt sein, dass das Hinterrad beim Anfahren zur Kurve in der Luft ist, und du bleibst auf dem Bike sitzen, ohne herunterzufallen. Was nutzen 160 Pferde, wenn du keine Zügel hast?

Ein Tipp zum Motorradfahren. Wissen bringt Bewusstsein. Motorrad fahren macht einen Heidenspaß, ist aber lebensgefährlich. Ließ ein paar Bücher über das Thema, um zu erfahren worauf zu achten ist, damit du der Gefahr begegnen kannst wenn sie kommt!

Sauberkeit

Ich putzte mein Motorrad nach jedem Ausritt, selbst noch nachts um 22.00 Uhr. Es war auch nie stark verschmutzt, nur Fliegen und Staub. Mit einem weichen, nassen Tuch und etwas Spülmittel entfernte ich die Fliegen und den Staub, ging an den Felgen ganz einfach, da diese an den Rändern poliert waren und der Rest lackiert. Hier macht sich das gute Kettenspray bezahlt, die Felge ist nicht ölverschmiert, nur etwas zugestaubt. Anschließend nahm ich einen feuchten Schwamm mit etwas Politur und ging damit zügig über die lackierten Teile, inklusive Scheibe. Danach kurzes Abreiben mit einem Frotteehandtuch – dies entfernt die Wasserschlieren -, fertig. Diese Aktion dauerte 20 Minuten. Du musst dieses Ritual nur einführen und durchziehen!

Man mag Dinge umso mehr, wenn sie sauber sind. Übrigens wäscht man ein Motorrad nicht mit einem Wasserstrahl!

Fahrstil

Eine der schwierigsten Angelegenheiten beim Biken ist das Kurvenfahren. Man hat sehr schlechte Orientierung wie schräg man ist, wie schnell oder tief man noch fahren kann usw. Ich sprach mit einem älteren Kollegen und er meinte, er hat gerne „Bodenkontakt" beim Kurvenfahren. Er setzte den Kurven inneren Fuß auf der Fußraste immer etwas schräg zur Straße hinunter. Ging er nun in Schräglage, kratzte seine Schuhsohle über die Fahrbahn. Es war für ihn eine Orientierungshilfe, er wusste wo er war.

Nun, ich nahm nicht den Fuß, sondern das Knie. Ich hing mich neben das Motorrad und zog es hinunter. Setzte ich mit dem Knie auf der Fahrbahn auf, wusste ich, dass ich noch etwas Luft hatte, ca. 5 km/h. Allerdings lag das Kniepad richtig fest auf der Straße auf, es war kein leichtes Kratzen. Fuhr ich nun etwas schneller, merkte ich, dass das Motorrad vom Gripp her etwas schwammig wurde, dies war ein leichter Slide. Fuhr ich nun noch schneller, fing das Moped an hinten wegzuwandern, bis dahin, dass ich quer stand. Das hab ich schon so weit getrieben, dass ich mit 180 km/h fast quer durch eine Kurve flog und schwarze Streifen mit dem Hinterrad auf den Asphalt malte. Muss aber nicht sein, bringt nur hohen Verschleiß.

Wie schon erwähnt, kann man am seitlichen Abrieb des Pneus erkennen, wie viel Schräglage erzielt worden ist. Jeder Motorradfahrer, egal welcher Couleur, muss in der Lage sein die maximale Schräglage erreichen zu können. Es kann Situationen geben, in denen dies erforderlich ist. Man muss den Reifen nicht mit einem Kreidestrich versehen, um die Schräglage zu erkennen, es geht auch ohne, man sieht es. Übrigens ist die Kante des Reifens nicht unbedingt ein Anhalt, selbst diese habe ich schon rund gefahren.

Zitat meines Vaters: „An den Gesichtern wirst du sie erkennen."

„Hang on" hat seine Vorteile. Ich ging mit dem Hintern richtig aus dem Sitz und drückte das kurveninnere Knie fest an die Verkleidung. Somit „klemmte" ich das Motorrad ein, es gab zusätzlichen Halt. Würdest du das Knie abwinkeln, geht etwas Stabilität verloren. „Hang on" heißt auch Gewichtsverlagerung. Der Schwerpunkt von Motorrad mit Fahrer liegt tiefer. Dies macht an Geschwindigkeit ca. 5 km/h im Vergleich zu einem konventionellen Fahrstil aus. Des Weiteren kann man später bremsen. Herkömmlich bremst du die Geschwindigkeit beim Gerade-Aus-Fahren herunter, hängst du daneben, kannst du die Aufstellneigung des Motorrades ziemlich gut unterbinden und bis in tiefe Schräglage hineinbremsen. Es ist auch möglich in starker Schräglage gut zu bremsen, ohne dass sich das Motorrad aufstellt. Wie gesagt, üben macht den Meister!

Die beste Bremsleistung hat man mit Vorder- und Hinterradbremse. Blockiert ein Rad beim Bremsen, verliert man die Kontrolle. Also, wenn ein Rad blockiert, Bremse kurz lösen und Bremskraft dosiert einsetzen.

Wähle deine Geschwindigkeit so, dass immer genügend Raum zum Bremsen und Ausweichen bleibt und bedenke: der Gegenverkehr hat auch Geschwindigkeit.

Überholen von vorausfahrenden Pkws: Ich muss es einfach immer wieder beobachten. Der aufschließende Motorradfahrer nähert sich hinter dem Pkw an und vollzieht den Überholvorgang in einem großen Bogen, oft nicht ganz kontrolliert. Nein! Orientiere dich an der Mittellinie und bleib dort. Du wirst sehen wie der Gegenverkehr reagiert. In meiner aktiven Zeit habe ich festgestellt, dass der Gegenverkehr dich sieht und sich am rechten Fahrbahnrand orientiert: sie machen dir Platz. Fährst du ziemlich an der Mittellinie, wirst du auch keinen großen Bogen zum Überholen fahren müssen. Du kannst bequem zwischen den Autos durchfahren, mit ausreichend Platz, auf jeder Seite. Solltest du eine Kolonne überholen wollen, fahre höchstens einen Tick schneller als der vorausfahrende Verkehr. Somit brauchst du bei Gegenverkehr nur die Bremse anzutippen um wieder einzuscheren. Auch kannst du besser reagieren, falls ein Autofahrer ausscheren sollte. Es gibt auch immer noch diese Schwachsinnigen, die bei einer langen Rechtskurve versuchen links am Vorausfahrenden vorbei zu schauen. Nein! Halte lieber etwas Abstand und schaue rechts dran vorbei! Übrigens kann man sogar bei einem anstehenden Überholmanöver vor einer Bergabstrecke unter dem vorausfahrenden Pkw durchschauen, um zu sehen, ob man Gegenverkehr bekommt.

Noch etwas. Wenn du eine Strecke nicht 100%ig kennst, fahre immer mit Sicherheitsreserve. Fahre nie die Kurve so schnell an, dass du keine Briketts an Schräglage mehr nachlegen könntest: **NIE!!!** Eine Straße befährt man auf folgende Art: Du guckst dir den Straßenverlauf für die nächsten paar Kilometer an und legst dir deine Linie zurecht. Dann konzentrierst du dich auf den Straßenbelag, ob er sauber ist oder wechselt. Sich nur auf die erste Kurve zu konzentrieren gibt mit Sicherheit keine harmonische Linie, denn die folgende Kurve gibt dir an, wie du die erste Kurve anfährst und wieder verlässt!

Was ich auch immer wieder beobachten konnte war, dass der Fahrer des Bikes mit dem Verstand guckt, anstatt mit den Augen. An der Fahrlinie und Verhalten der Person kannst du erkennen wie sie denkt und da gibt es einige Querdenker, unglaublich. Denken hat immer etwas mit Information zu tun. Unfall-Frei-Gerade-Aus-Denken lernt man zum Beispiel wenn man einem Profi hinterher fahren kann. Man sieht wie er fährt und kann lernen. Auch bringt es einiges, wenn man sich genau über die verschiedenen Punkte des Motorradfahrens unterhält.

Noch eine Sache zum Hinterherfahren, es gibt Leute da schaffst du es einfach nicht, die sind zu schnell. Lass davon ab, es wird dir das Genick brechen. Oder es gibt welche die haufenweise Fehler machen, somit gefährden sie nicht nur sich, sondern auch den Nachfolger. Entwickele deine eigene Strategie und festige dein Können, nur so bist du sicher, selbst vor dir selbst!

Es gab ein paar Mal die Situation, dass ich früher bremste wie der Mann neben mir, mit dem Ergebnis, dass ich die Kurve noch kriegte, aber mein Nebenmann nicht!

Ich habe nie ein Fahrertraining auf der Nordschleife gemacht, aber meiner Meinung nach ist so etwas unbedingt erforderlich für den sportlich orientierten Fahrer. Dort sind Profis, die ihren Job verstehen, und man nimmt sich die Zeit zu lernen. Eines kann ich mit Sicherheit sagen: Es gibt viel, was man zum Motorradfahren lernen kann. Noch ein Zitat von meinem Vater:

„Wenn man den Führerschein hat, beginnt erst die Zeit des Lernens!"

Wie geschickt man fahren kann? Nun, ich fuhr immer gleich schnell, immer Knie auf dem Boden, immer der gleiche Stil. Und wenn ich nicht gerade in ein Auto hinein donnerte, blieb ich in der Regel drauf sitzen. 1998 lieh ich mir die Fahrschulmaschine meines Vaters aus, ein 350er RD. Was für ein Zustand! Na ja, ein Motorrad ist besser als kein Motorrad. Ich fuhr mit dieser Kiste vorsätzlich die Kurven etwas zu schnell an, nur zum Probieren. Wohlgemerkt, es war nur „etwas zu schnell", nicht „viel zu schnell"! Auf jeden Fall rutschte mir dann in einer Kurve, Bergab-Passage, erst das Hinterrad weg, dann das Vorderrad. Der Ständer setzte auf und ich „lag" fast auf dem Boden, das Knie stütze die ganze Sache noch etwas ab. Ich griff etwas in die Vorderradbremse drückte mich mit dem Knie noch einmal von der Straße ab, und fuhr weiter, kein Sturz! Dies ging halt nur, weil ich nicht „viel zu schnell" war.

Arten von Motorradfahrern

Motorradfahrer kann man ganz grob in vier Klassen einteilen. Als Einteilungsgrundlage dient die Definition von Motorradfahren, in meinem Fall: **Das Führen eines Kraftrades über die Straße.**

Klasse 4 sind die Schön-Wetter-Sonntags-Nachmittags-Kaffee-Journal-Fahrer. Diese Jungs haben samstags ihre Harley poliert und fahren sonntags 10 km weit ans nächste Stadtkaffee, um mit ihrem Moped zu posen. Fahren geht mit den Dingern schlecht. Schräglage kaum möglich, die Federung so hart, dass man jede Unebenheit im Kreuz spürt. Zum Bremsen nimmt man am besten einen Anker mit, den man frühzeitig auswerfen muss. Ich bin mal so ein Ding gefahren und weiß Bescheid.

Klasse 3 Fahrer. Hier haben wir den Touren-Fahrer. Er widmet seine Aufmerksamkeit voll der Landschaft in der er fährt. Er genießt die Landschaft und den Fahrtwind.

Klasse 2 Fahrer sind dann die „Raser von Eggersweiler". Die Jungs die echt schnell sind wenn es geradeaus geht. Die Konzentration geht voll auf die Straße und auf das Motorrad. Es klappt zwar nicht beim Bremsen und eine ruhige elegante Linie ist auch nicht zu finden, aber wenn man sie reden hört sind sie die Schnellsten.

Dann gibt es noch die **Klasse 1** Fahrer. Das sind die Artisten unter den Bikern. Die Konzentration ist voll beim Fahren, man ist Eins mit dem Motorrad. Diese Burschen wissen genau wo die Grenzen sind. Sie wissen genau wo zu bremsen ist, wenn man mit 270 km/h auf eine Kurve zuschießt, welche nur mit 80km/h zu fahren ist. Eine Kurve wird in einer eleganten Linie gefahren, Maximum an Schräglage, keine Korrektur und alles passt genau, wie abgemessen. Geschwindigkeit ist eine geistige Fähigkeit. Der Fahrer muss die Eindrücke der Fahrt aufnehmen und umsetzen, in Bruchteilen von Sekunden. Es gibt keine Zeit zum Nachdenken ob richtig oder falsch: man weiß es einfach. Ein geübter Fahrer braucht sich nur den Straßenverlauf anzuschauen, um zu wissen was drin ist. Diese Jungs sind in der Minderheit. Unter 1000 Sportmotorradfahrern gibt es einen Stern der am Motorradhimmel glänzt. Der „Raser von Eggersweiler" würde nach einer Tour mit ihm sagen, er sei wahnsinnig. Aber auch nur deshalb, weil er diesen „Wahnsinn" in seinem Kopf nicht geregelt bekommt!

Ein wirkliches As wird auch nie übermäßig schnell im Verkehr fahren. Er weiß wenn er runterfällt tut es weh und kann seine rechte Hand im Griff halten, auch wenn der „Raser von Eggersweiler" auf der Gerade-aus-Passage an ihm vorbei fliegt. In der nächsten Kurve ist er doch wieder dahinter.

Schnelligkeit und Sicherheit können sich die Hand geben.

Die Nürburgring-Nordschleife

Jetzt aber zum Thema: Die Nürburgring-Nordschleife. Es wird darauf hingewiesen, dass die Skizze auf dieser Seite veraltet ist. Ich benutze sie aus dem Grund, da hier die Entfernungskilometer angegeben sind, welche auf der neuen Skizze ausgelassen wurden.

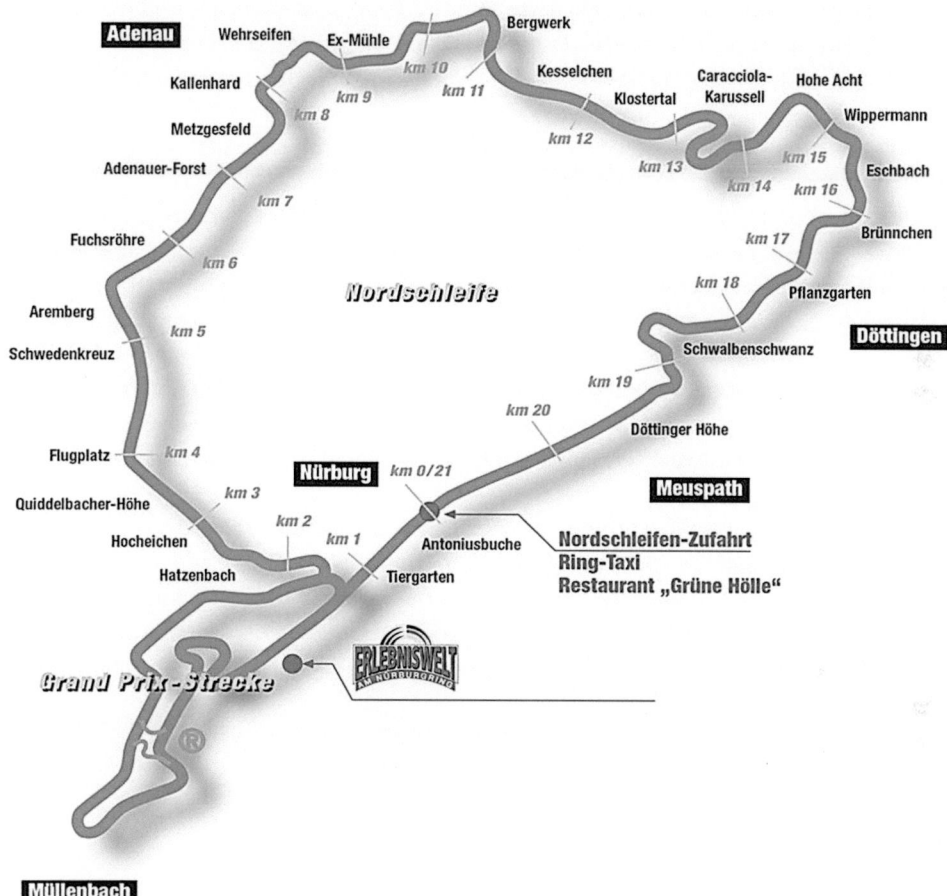

Meine erste Bekanntschaft mit der Grünen Hölle machte ich als Motorradfahrer mit 18, auf meiner RD 350. Mein Vater als alter Ringhase fuhr mit seinem Ford vor. Nun, ich war schon als 18 jähriger recht zügig unterwegs und als ich hinter meinem Vater fuhr und bei ihm die Reifen quietschten hatte ich noch jede Menge Platz an Schräglage.

Also fuhr ich an ihm vorbei, ging ja alles soweit ganz gut, die Straße war breit, wenig Verkehr und relativ übersichtlich, bis zum Schwedenkreuz jedenfalls. Es kam halt so, wie es kommen musste. Zufahrt zum Adenauer Forst: Plötzlich war die Straße weg und ich hoppelte übers Grüne. Dies war mir eine Lehre. Ich fuhr etwas langsamer, ging auch nicht anders, die meiste Zeit war der Straßenverlauf unübersichtlich geworden. Als ich dann durch das Karussell fuhr und hinter mir ein wild hupender Opel Kadett auftauchte verstand ich die Welt nicht mehr. Ich dachte, ich wäre schnell.

Drei Jahre später fuhr ich nochmals zum Ring, nun mit der FZR. Das Resümee das ich fasste war, dass das Motorrad zu schnell für den Ring war. Drehte man etwas am Gashahn, schoss das Bike nach vorne und die nächste enge Kurve war da.

Nun kam meine Motorrad-Pause. Ich hatte ab und zu ein etwas mulmiges Gefühl und der Spaß hatte etwas nachgelassen. In dieser Zeit lernte ich etwas über den Verstand und mentale Prozesse. Kurz um, ich konnte dieses mulmige Gefühl abschalten. Ein einfacher Prozess, man erschafft einfach das gleiche Gefühl in Gedanken und es löst sich auf.

Da das Fahren in meiner Gegend nicht mehr so den Spaß brachte, fuhr ich wiedermals zum Ring. Ich hing mich hinter die Jungs, welche die ganze Zeit am Streckenrand herumlungerten. Nun, ich konnte direkt problemlos folgen und beim Anbremsen und in der Kurve war ich stets ein Stück schneller. Allerdings war ich irgendwie hilflos, wenn ich alleine unterwegs war. Die ersten paar Runden hatte ich definitive Orientierungsverluste!

Das konnte so nicht weitergehen. Ich kaufte mir das Nürburgring Fahrer-Handbuch von Ulrich Thomson. Allerdings konnte ich nicht viel damit anfangen, da die Aufnahmen verzoomt waren, zum Teil gegen die Strecke fotografiert worden ist und so weiter. Und natürlich fehlte auch eine echte Orientierung, die maximale Geschwindigkeit an den einzelnen Stellen. Schlechtes Handbuch! Übrigens hat es sich nach zweimal lesen in Wohlgefallen aufgelöst, es ist jetzt nur noch eine lose Blattsammlung.

Also, schrieb ich mein eigenes. Ich befuhr die Nordschleife mit dem Fahrrad bei einer Radveranstaltung und lichtete jeden Teil der Strecke ab, original, nicht verzoomt. Dann besorgte ich mir das Video von Helmut Dähne „7:49,71 Der Ring". Glücklicherweise war die Kamera so eingestellt, dass man den Tacho erkennen konnte. Ich sah mir das Video an und notierte die geringsten Geschwindigkeiten an den entsprechenden Stellen auf meinen Skizzen. Jetzt hatte ich eine Orientierung.

Zuerst lernte ich die Namen der Streckenabschnitte auswendig, die da wären:

01. Start	15. Kallenhard
02. Antoniusbuche	16. Wehrseifen
03. Tiergarten	17. Breidscheid
04. Hohenrein	18. Exmühle
05. Alte Boxengasse	19. Niki-Lauda-Links
06. Hatzenbach	20. Bergwerk
07. Hocheichen	21. Kesselchen
08. Quiddelbacher Höhe	22. Klostertal
09. Flugplatz	23. Karusell
10. Schwedenkreuz	24. Hohe Acht
11. Arembergkurve	25. Hedwigshöhe
12. Fuchsröhre	26. Wippermann
13. Adenauer Forst	27. Eschbachkuppe
14. Metzgesfeld	28. Brünnchen

29. Eiskurve

30. Pflanzgarten

31. Schwalbenschwanz

32. Galgenkopfkurve

33. Döttinger Höhe

34. Ziel

Wenn du wirklich ein Könner werden willst, musst du die Namen auswendig kennen, mache sie zu deinem abendlichen Gebet! ☺   Ich ging zum Beispiel hin und habe sie immer aufgeschrieben. Erst die Zahlenfolge, dann die Namen dahinter.

Nächster Schritt wäre der Streckenverlauf und die Geschwindigkeiten. Du kannst die Strecken-abschnitte aus dem Kopf aufskizzieren und die Geschwindigkeiten eintragen. Der wesentliche Punkt bzgl. den Geschwindigkeiten ist, dass du nur wirklich die Stellen kennen musst, die unüber-sichtlich sind, immerhin hast du ja noch Augen im Kopf!

Präge dir die Bilder die ich gemacht habe genau ein und auch die Geschwindigkeiten dazu. Dies nennt man „visualisieren". Du musst dir die Bilder vor deinem geistigen Auge vorstellen können, und das Ganze als Film im Kopf fahren können. Wenn dich nachts jemand wach rüttelt und sagt: „Hohe Acht", dann musst du den Streckenabschnitt und die Geschwindigkeit vor Augen haben. Ich kann es.

Noch etwas, dies ist wirklich ein Wahnsinns-Speed und es gibt ein paar „Angstkurven". Du wirst natürlich die ersten Runden mit 20% Sicherheit fahren und nach und nach zugeben! Bei dieser hohen Geschwindigkeit darfst du dir keine Fehler erlauben, **KEINE!** Der 9 Meter breite Asphalt schrumpft auf ein paar Zentimeter. Es muss einfach alles stimmen, der Bremspunkt, der Einlenk-winkel, die Schräglage: einfach alles!!!

Und denke daran, es gibt wenig oder fast keinen Sturzraum. Des Weiteren weißt du nie was wirklich auf der Strecke los ist. Steht einer quer auf der Fahrbahn oder hat jemand Öl- oder Kühl-flüssigkeit verloren. Sei dir dessen bewusst:

Eine schnelle Runde auf der Nordschleife heißt mit einem Fuß im Grab und mit dem an-deren im Krankenhaus.

Gefahr im Rennsport? Rennsport ist fahrlässiger Selbstmord! Es gibt wohl kaum jemand, der sich über die Zeit gesehen, keine Knochen auf der Rennstrecke gebrochen hat, besonders beim Motorradrennen.

Mit meiner Anleitung will ich dir die Sache „sicher" machen. Du wirst nur so gut sein, wie du Klarheit hast, im Nebel geschehen oft Unfälle. Die einzelnen Streckenabschnitte mit einer Skala zu versehen um den Schwierigkeitsgrad darzustellen ist Unsinn. Die Schwierigkeit und Gefahr ergibt sich mit zunehmender Geschwindigkeit. Umso höher die Geschwindigkeit, umso höher ist das Risiko!

Allerdings: Quiddelbacher Höhe und Ausfahrt Pflanzgarten werden bei zu hoher Geschwindig-keit zum nicht mehr abschätzbaren Risiko – du hebst ab und schlägst irgendwo neben der Strecke ein! Und sei dir eines bewusst: wirkliche Sicherheit gibt es nicht, man kann sich ihr nur annähern.

Dies hier ist Theorie, in der Praxis wirken Kräfte wo du dagegen halten musst. Du musst körper-lich fit sein, tatsächlich über Muskelmasse und Ausdauer verfügen. Dein Puls wird wahrscheinlich die 160er Marke spielend überschreiten. Als kleiner Anhalt, 100 Liegestütze waren für mich kein Thema, auch einen Schnitt von 30km/h mit dem Rennrad, wohl gemerkt im Saarland, da geht es auf und ab. Aber dennoch, die ersten Fahrten auf der Nürburgring-Nordschleife zu Beginn der Saison brachten immer Muskelkater!

Es ist nicht nur die Gefahr, die vor dir liegt, sie ist schon groß genug und du kannst sie mit deiner rechten Hand herunter drehen. Eine große Gefahr liegt hinter dir. Du als Anfänger kriegst die Strecke nicht gepeilt, aber es gibt da welche die echt schnell sind. Fahre also nicht kreuz und quer, du könntest einen Unfall dadurch verursachen, dass du von hinten abgeschossen wirst – halte ein Auge auf dem Rückspiegel!

Des Weiteren hat die Nordschleife mehr als 25 verschiedene Oberflächenbeläge, und mit zunehmendem Alter werden es mehr. Auch wird die Strecke noch verändert werden.

Bei Nässe bin ich nie gefahren, einmal als die Strecke noch nicht richtig abgetrocknet war. Der Belag wird extrem rutschig, teilweise ist er auch mit Öl-, Brems- und Kühlflüssigkeit getränkt, was sich bei Feuchtigkeit besonders bemerkbar macht.

Für deine Handlungen kann ich natürlich keine Verantwortung übernehmen, es wäre das gleiche wenn ich zu dir sagen würde: „Du kannst ruhig von dieser 30 m hohen Brücke springen, es passiert dir nichts." Aufpassen musst du selber!

Zu den Skizzen: Sie sollen dir einen Anhalt über den Verlauf der Strecke geben - die Skizzen sind keinesfalls maßstabsgetreu. Schaut man sich die Strecke via Google Earth, also per Satellit an, sieht alles ziemlich langweilig aus, ebenso die „maßstabsgetreuen" Skizzen im Fahrerhandbuch von Ulrich Thomson – die Streckenbreite stimmt unmöglich mit der Streckenlänge überein. In den Ansichten ist keine Aktion drin!

Die Skizzen in diesem Buch sind so gezeichnet, wie sie der Fahrer bei der angegebenen Geschwindigkeit sehen wird. Die Kurven rasen auf einen zu und werden wirklich eng: Die Geschwindigkeit verändert die Perspektive!

Ich habe die Satelliten-Streckenkontur mit meinen Skizzen verglichen. Nun, sie sind ähnlich. Der Unterschied liegt in den Augen des erfahrenen Nordschleifen-Könners. Aus diesem Grund sind meine Skizzen etwas ausgeprägter gezeichnet, um die markanten Stellen zu verdeutlichen.

Die Bilder, welche ich hier benutze sind während einer Radtour gemacht worden, also wirst du ein paar Radfahrer sehen. Die Strecke ist lückenlos abgebildet, es ist jeweils von Sichtgrenze zu Sichtgrenze fotografiert, um einen vollständigen Eindruck zu bekommen. Weiterhin gibt es gratis ein Video um die Bilder auch bewegt zu sehen. Kostenlos unter http://www.nurburgring.de. Übrigens ist es mittlerweile verboten die Strecke zu fotografieren, oder zu filmen.

Die Strecke auf den Skizzen verläuft von unten nach oben, genauso die Bilder, von unten nach oben! Du hast das Buch vor dir liegen und die Strecke führt von dir weg. Der Pfeil der sich unten an der Seite befindet gibt die Fahrtrichtung an. Die auf der rechten Seite befindlichen Bilder sind nummeriert und ergeben bildlich die Streckenführung, die an der jeweiligen Stelle das entsprechende Bild enthält. Die angegebenen Geschwindigkeiten sind Näherungswerte! Sie sind anwendbar bei einem 75 kg schweren Fahrer mit einer FZR 1000 Baujahr 88, Bereifung Bridgestone BT 57, Außentemperatur 20 – 28 °C. Und die Geschwindigkeiten werden auch nur dann erzielt werden können, wenn die Linie stimmt!

Letztendlich geht es darum, dass du eine genaue Vorstellung der Strecke im Kopf hast. Und die Reihenfolge wäre: studieren, fahren, studieren, fahren, studieren, fahren, fahren, fahren, kurz nachschlagen, fahren, fahren, fahren, usw. Nur das Video zu sehen bringt dir nicht viel, wichtiger sind die Skizzen mit den Geschwindigkeiten und die einzelnen Bilder! Also, wenn du auf der Strecke bist, nach dem du diesen Leitfaden studiert hast, sag dir den kommenden Streckenabschnitt vor, damit du weißt wo du bist, und die Vorstellungen aktivierst, die du dir eingeprägt hast.

Im Fahrer-Handbuch von Ulrich Thomsen für die Nürburgring-Nordschleife hat Helmut Dähne „die Ideal-Linie" eingezeichnet. Dies funktioniert natürlich nicht. Es ist die Ideal-Linie für Helmut Dähne auf einer Honda RC 30. Jedes Motorrad hat auf Grund seines Gewichtes, seiner Beschleunigung und seiner Bremsleistung eine andere Linie. Kommt nun der Fahrer hinzu, ergibt sich wieder eine andere Linie. Klar, wer nur 50kg wiegt wird später bremsen, wie derjenige, welcher 100kg wiegt. Wiederum gibt es Fahrer mit unterschiedlichen Fahrstilen, wie zuvor beschrieben, was auch wieder eine andere Linie ergibt. Aber, Linien sind ähnlich. Meine Erfahrung zu dem Thema Linie ist: Linie macht Geschwindigkeit - jede zusätzliche Bewegung braucht Zeit und kostet Geschwindigkeit. Eine Linie sollte harmonisch verlaufen, mit so wenig Bewegung wie möglich! Ruckartig Gas geben und hektisches Beschleunigen bringt Unruhe in das Motorrad. Man sollte das Bike eher wie ein rohes Ei behandeln und Ruhe und Gelassenheit an den Tag legen.

Hektik ist die Tür für Fehler!

Es war eigentlich nicht beabsichtigt dieses Buch der Öffentlichkeit zur Verfügung zu stellen. Weder die Bilder noch die Skizzen beanspruchen professionellen Status, sie waren für den Hausgebrauch gedacht um es mir zu ermöglichen, die Grüne Hölle in den Kopf zu kriegen. Die Bilder wurden mit einer alten Canon T 70 während einer „Rad am Ring Tour" gemacht und sind dementsprechend. Ich hab da wirklichen Aufwand betrieben, um etwas aus diesem Material herauszuholen. Die Negative wurden eingeschickt und mit höchstmöglicher Auflösung auf DVD digitalisiert um im Anschluss im Buch ihren Platz zu finden. Also, sei etwas Nachsichtig mit deinem Bewertungsmaßstab für das Buch.

Das Buch ist für den Fahrer gedacht um ihm mehr Sicherheit zu geben!

Start auf Döttinger Höhe

Du startest auf der Döttinger Höhe. Als Profi weißt du ja, dass die Reifen noch kalt sind, und die erste Runde gemach gefahren wird, um zu sehen, was los ist. Gut ist auch erst abzusteigen und am Kartenhaus zu fragen „wie es aussieht".

Ich glaube zu beschreiben wie man eine Kurve fährt, brauche ich nicht mehr, von außen nach innen, allerdings in der Vorausschau, wie die nächste, oder sogar übernächste Kurve verläuft.

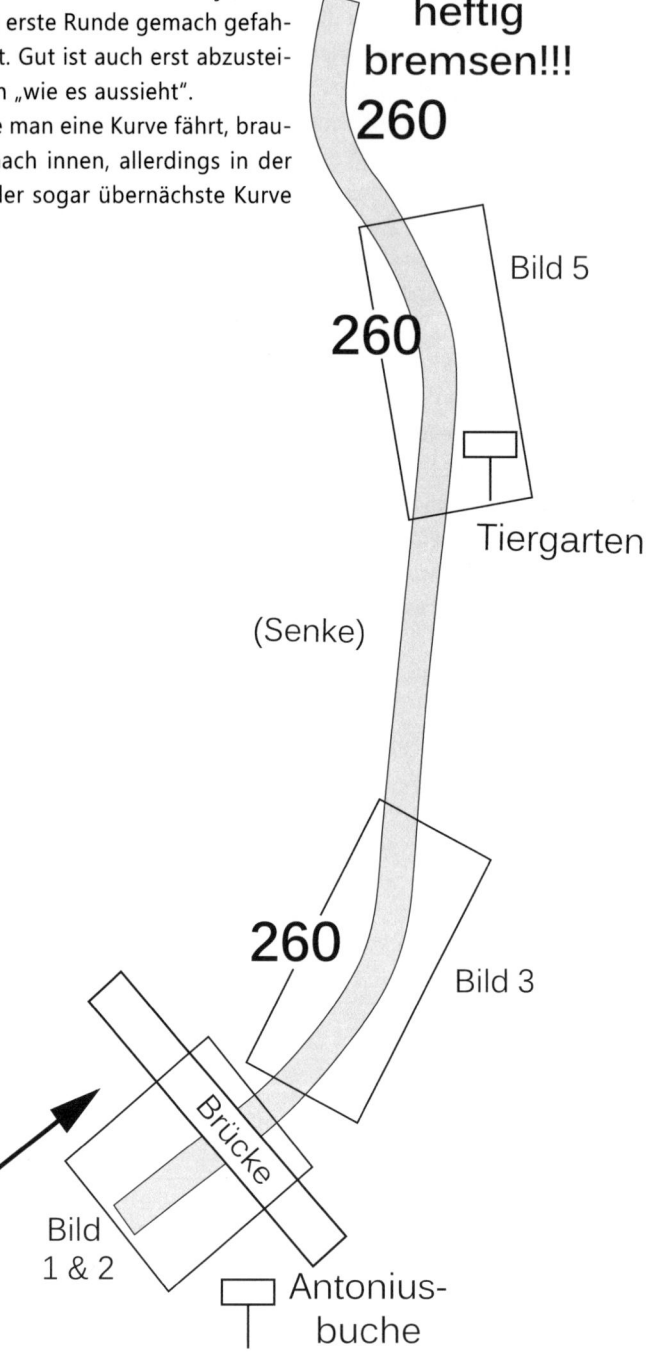

heftig bremsen!!!
260

260

Bild 5

Tiergarten

(Senke)

260

Bild 3

Brücke

Bild 1 & 2

Antonius-buche

Bild 5

Bild 3

Bild 4

Bild 1

Bild 2

Tiergarten bis alte Boxengasse
In Bild 6 stehst du voll auf der Bremse!

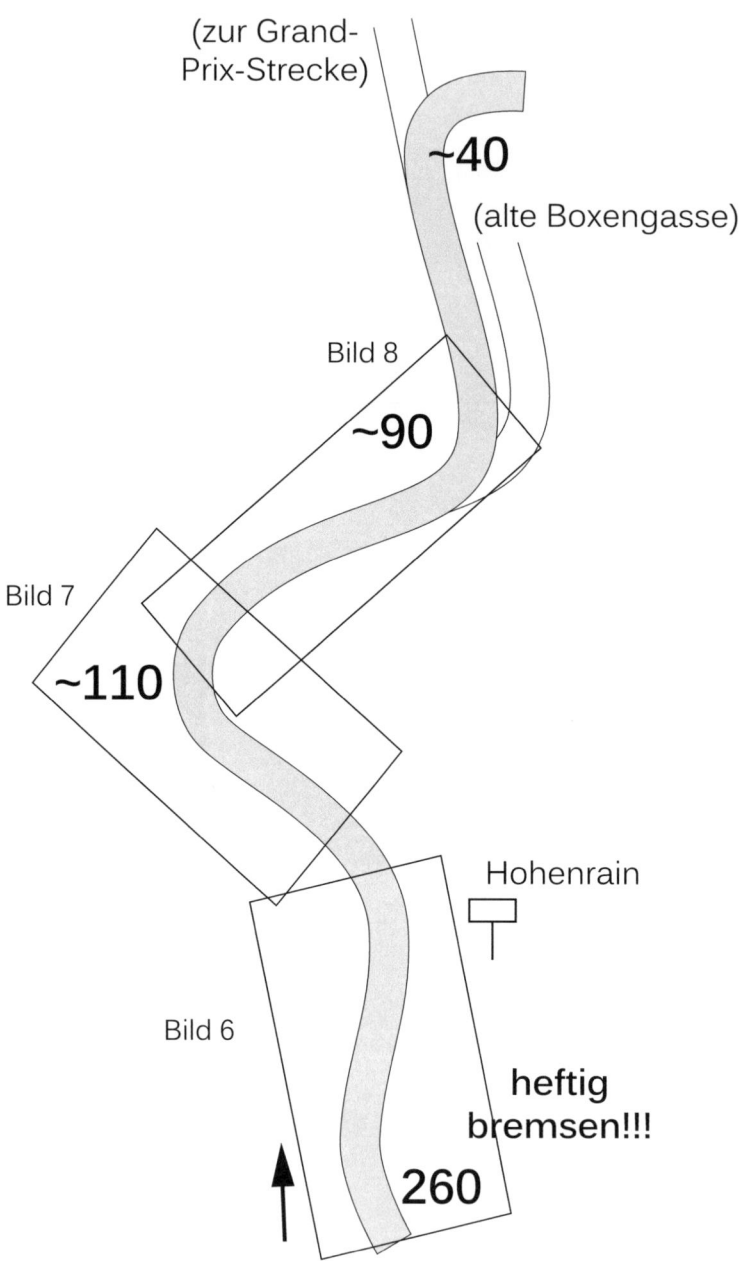

(zur Grand-Prix-Strecke)

~40

(alte Boxengasse)

Bild 8

~90

Bild 7

~110

Hohenrain

Bild 6

heftig bremsen!!!

260

Bild 8

Bild 7

Bild 6

Ausfahrt alte Boxengasse bis Eingang Hatzenbach

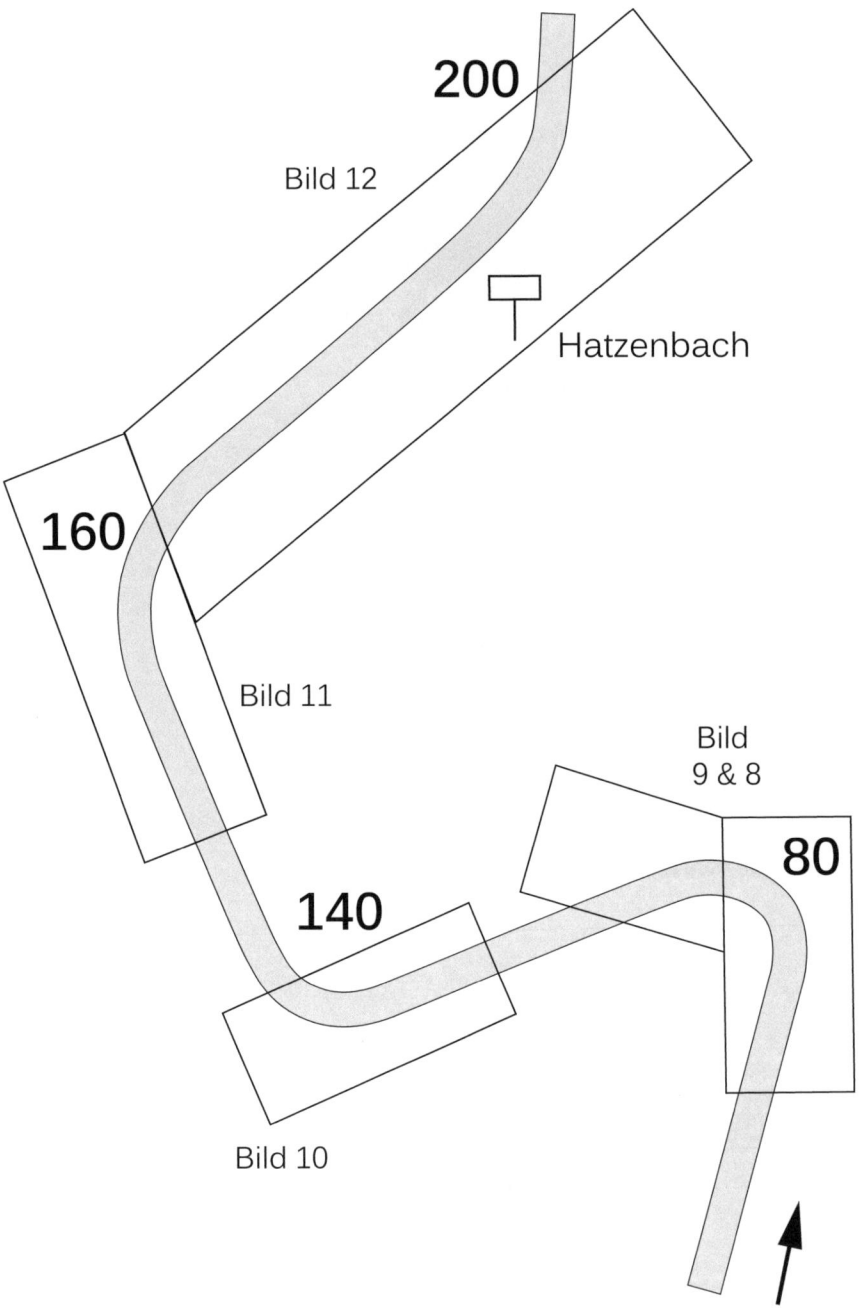

200

Bild 12

Hatzenbach

160

Bild 11

Bild
9 & 8

80

140

Bild 10

Bild 12

Bild 10

Bild 11

Bild 8

Bild 9

Hatzenbach

Da du ein Spätbremser bist, versuchst du die leichte Links auf Bild 14 fast gerade, auf der Bremse zu durchfahren.

An dem Kreuz löst du die Bremse und winkelst das Motorrad nach rechts ab. Es ist zwar keine schöne Linie, aber du bist verdammt schnell! Um „eine Ideal-Linie" zu fahren müsstest du viel früher Bremsen.

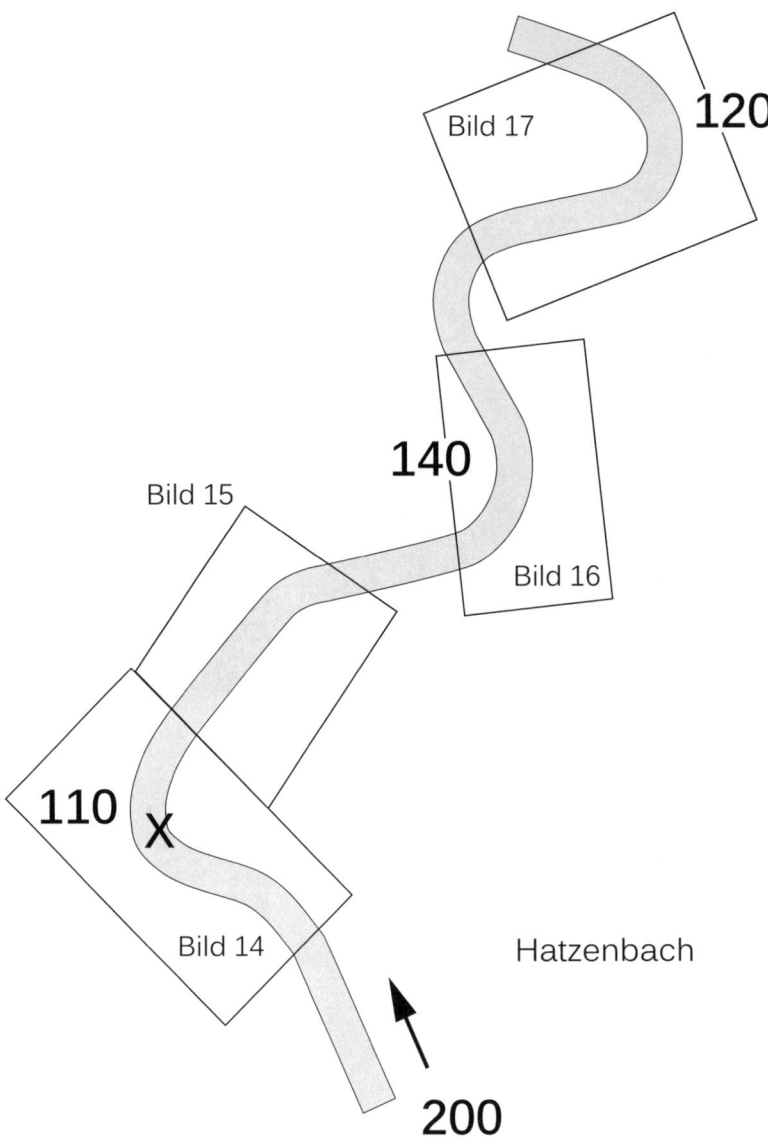

Bild 17

Bild 15

Bild 16

Bild 13

Bild 14

Hocheichen bis Quiddelbacher-Höhe

Hocheichen, eine Korkenzieher-Kurve, ziemlich spät in Schräglage gehen, die macht am Schluss auch etwas zu. Vorsicht, es geht bergab, und die Masse des Motorrades schiebt mit!

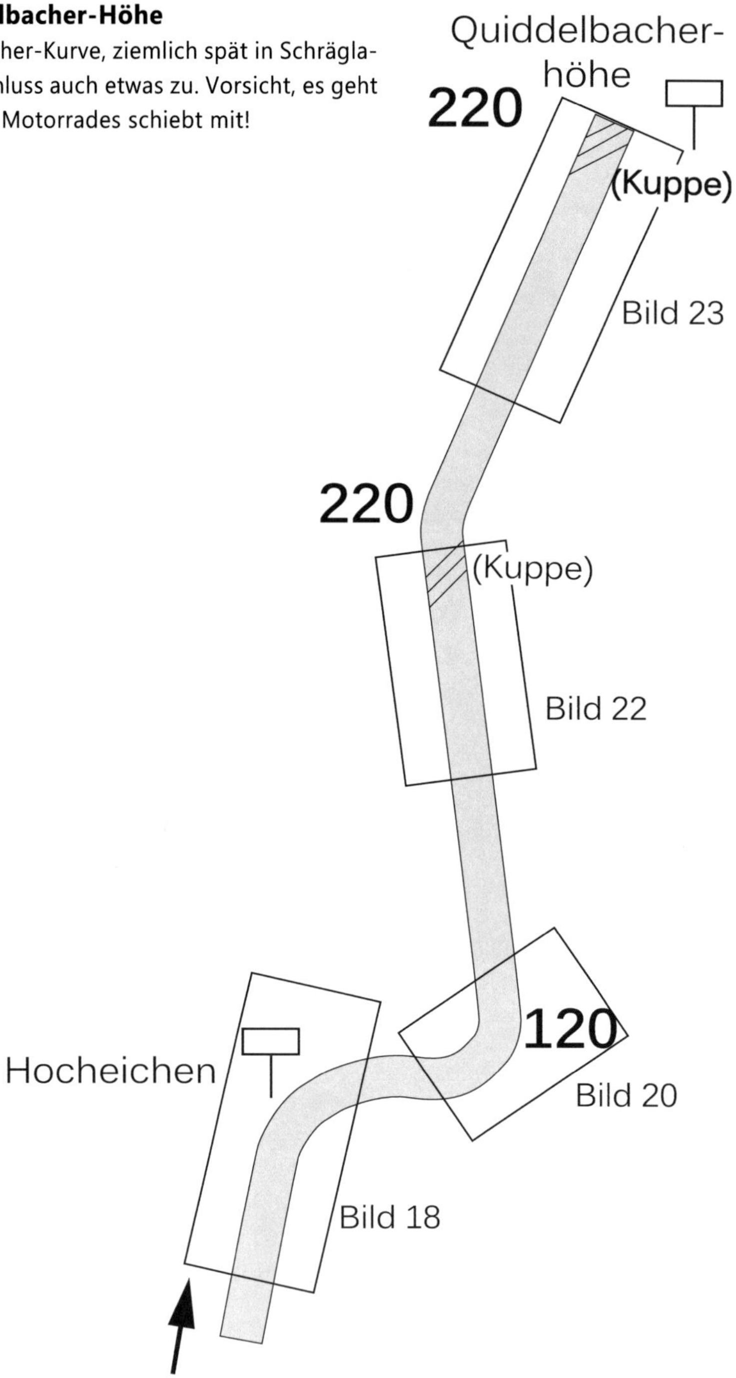

Quiddelbacher-
höhe

220

(Kuppe)

Bild 23

220

(Kuppe)

Bild 22

120

Bild 20

Hocheichen

Bild 18

Bild 22

Bild 23

Bild 20

Bild 21

Bild 18

Bild 19

Quiddelbacher Höhe und Flugplatz

Auffahrt zur Quiddelbacher-Höhe: Bei dieser Geschwindigkeit wirst du tatsächlich die Straße verlassen. Vorsicht, bist du zu schnell, kriegst du die folgende Rechts auf Bild 25 nicht mehr. Hier überschlug sich Manfred Winkelhock in einem Formel 2 Wagen rückwärts.

Die folgende Doppel-Rechts Bild 25-27 lässt sich in einem Bogen durchfahren. Anschließend Vollgas weiter.

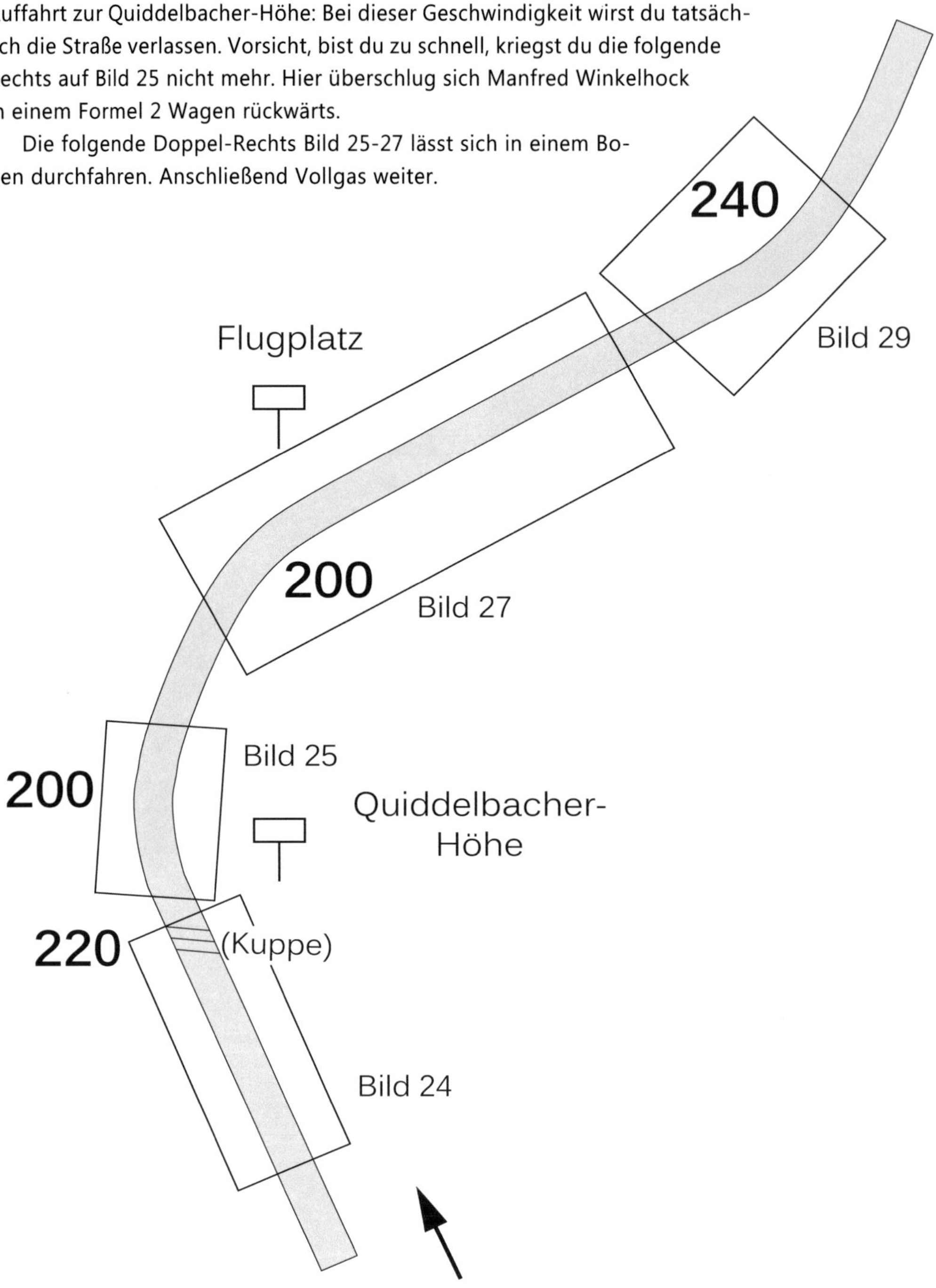

240

Flugplatz

Bild 29

200

Bild 27

Bild 25

200

Quiddelbacher-
Höhe

220 (Kuppe)

Bild 24

Bild 28

Bild 29

Bild 26

Bild 27

Bild 24

Bild 25

Schwedenkreuz

Zitat meines Vaters:

„Das Schwedenkreuz, es steht für viele!"

Schwedenkreuz ist mit dieser Geschwindigkeit mit Vorsicht zu genießen! Es ist tatsächlich eine gefährliche Stelle. Der Asphalt hat Neigung zum Kurvenäußeren und ist in der Anbremszone sowie in der Kurve leicht wellig.

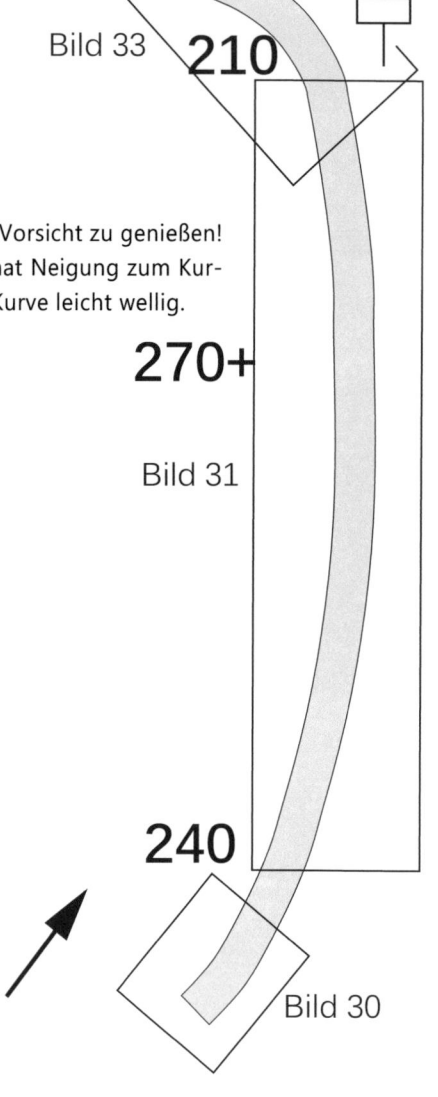

Schweden -kreuz

Bild 33

210

270+

Bild 31

240

Bild 30

Bild 33

Bild 32

Bild 31

Bild 30

Arembergkurve

Bild 34 zeigt die Zufahrt zur Arembergkurve.
Alles übersichtlich ...

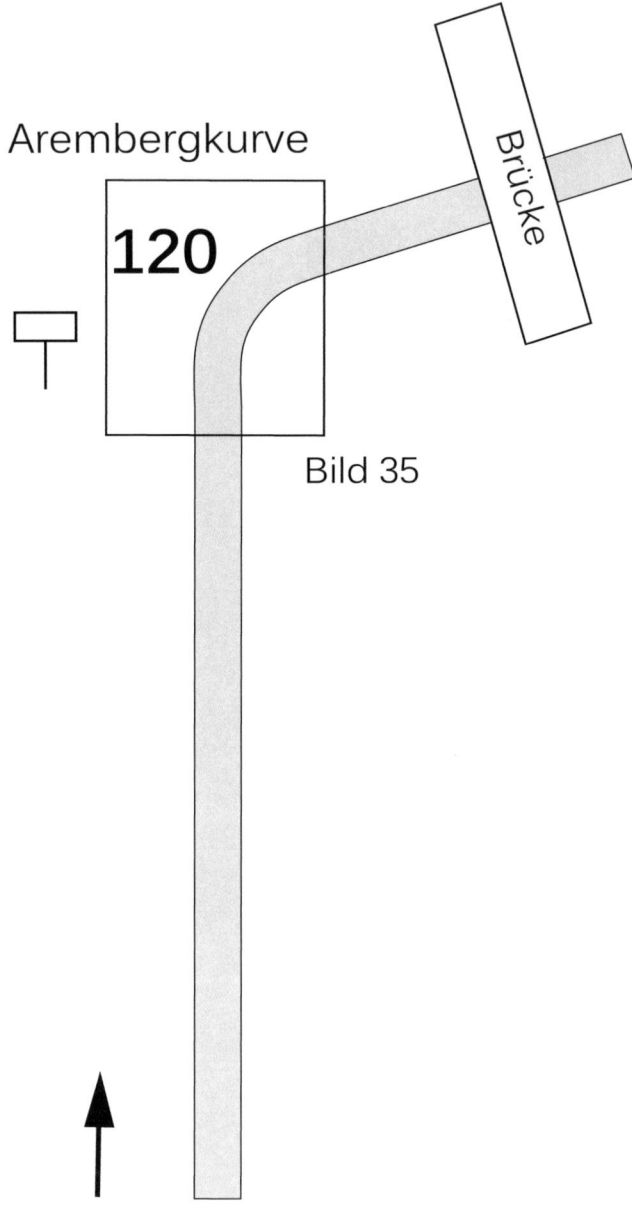

Bild 35

Bild 36

Bild 35

Bild 34

Fuchsröhre

Nach der Arembergkurve kann man mit dem Motorrad aus den kleinen Kurven die Fuchsröhre hinunter, eine Gerade machen und voll durchbeschleunigen.

Du wirst echt schnell, und wahrscheinlich wirst du nicht genug Kraft haben um den Oberkörper aufrecht zu halten, wenn du mit 270 durch die Senke in der Fuchsröhre fliegst. Beim Radfahrer auf Bild 42 musst du bremsen, damit du die anschließende Links noch kratzen kannst - diese geht mit 210.

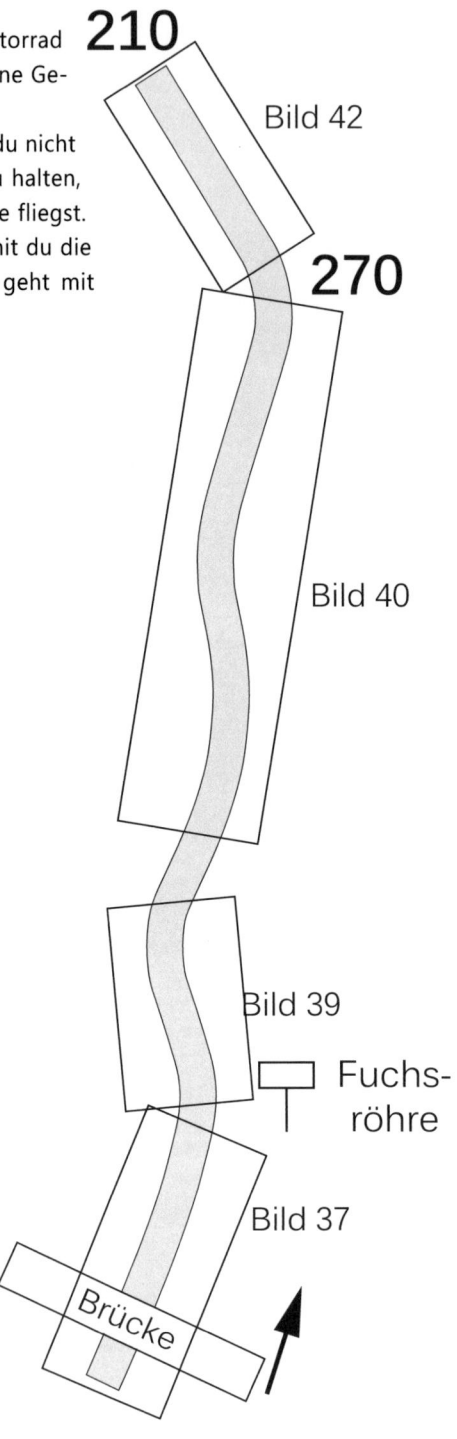

210

Bild 42

270

Bild 40

Bild 39

Fuchs-
röhre

Bild 37

Brücke

Bild 41

Bild 42

Bild 39

Bild 40

Bild 37

Bild 38

Adenauer Forst

Übrigens passieren im Adenauer Forst die meisten Missgeschicke. Vorher ging alles ziemlich zügig, doch du kommst die Straße hoch, wunderst dich über die ganzen Bremsstreifen und auf einmal ist die Straße weg. Bild 46! Und Vorsicht, Haarnadelkurve, sie zieht sich hinter der Kuppe zu!

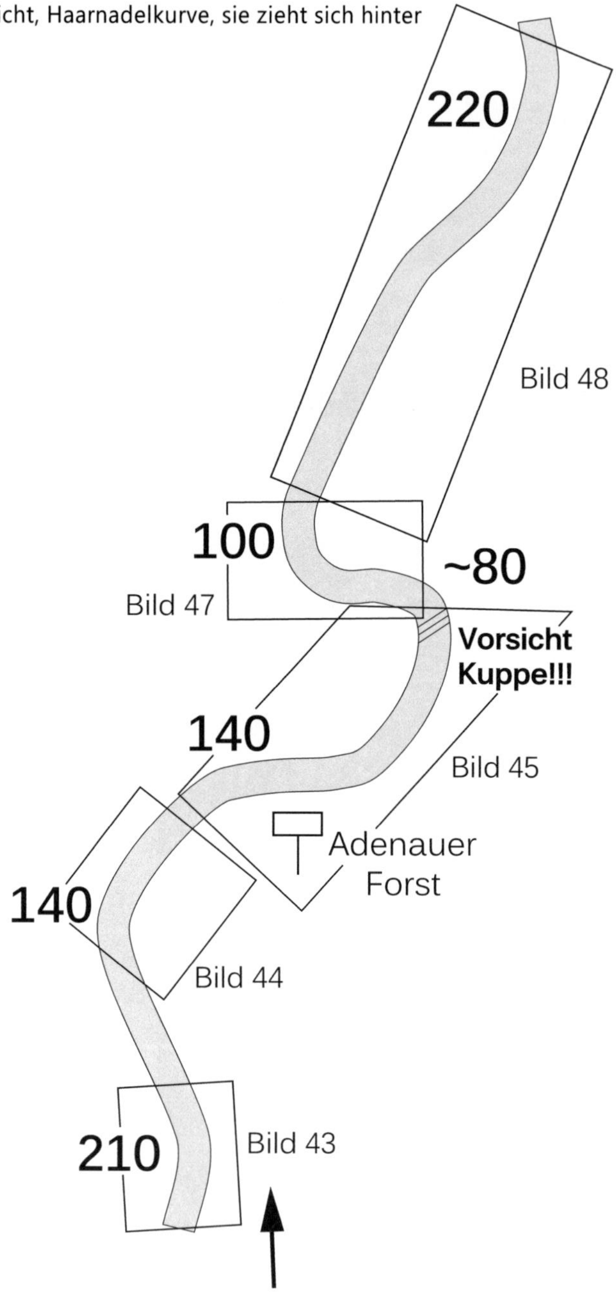

220

Bild 48

100

Bild 47

~80

Vorsicht Kuppe!!!

140

Bild 45

Adenauer Forst

140

Bild 44

210

Bild 43

Bild 47

Bild 48

Bild 45

Bild 46

Bild 43

Bild 44

Metzgesfeld

Die erste Links, Bild 50/51, ist eine kleine Angstkurve, heftig schnell, aber der Belag hat wirklich Grip. Die zweite Links ist wiederum mit Vorsicht zu genießen, sie geht etwas zu.

Über die Kuppe geht es nun bergab zu Kallenhard. .

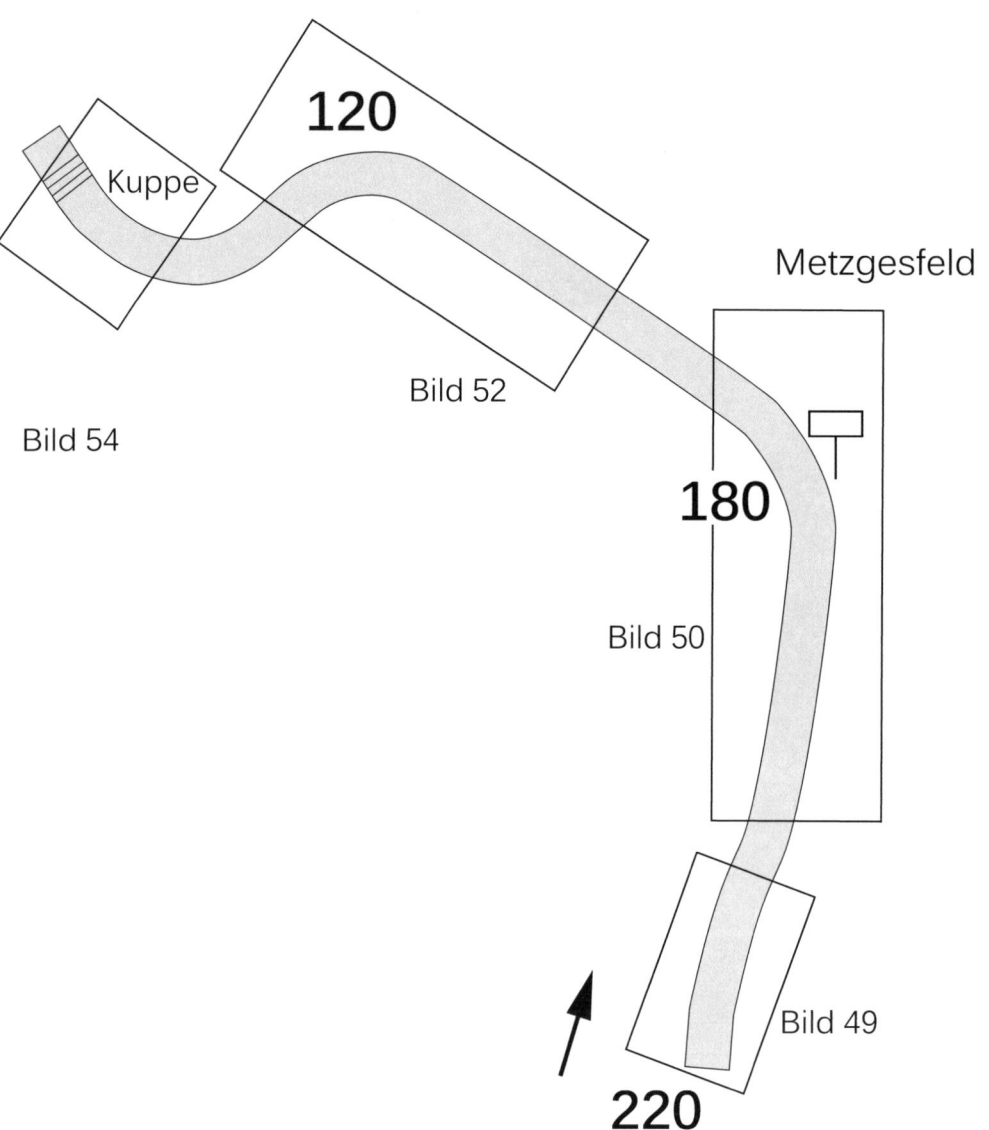

120

Kuppe

Metzgesfeld

Bild 52

Bild 54

180

Bild 50

Bild 49

220

Bild 53

Bild 54

Bild 51

Bild 52

Bild 49

Bild 50

Kallenhard

Kallenhard ist leicht wellig. Die anschließende Schikane erfordert etwas Mumm.

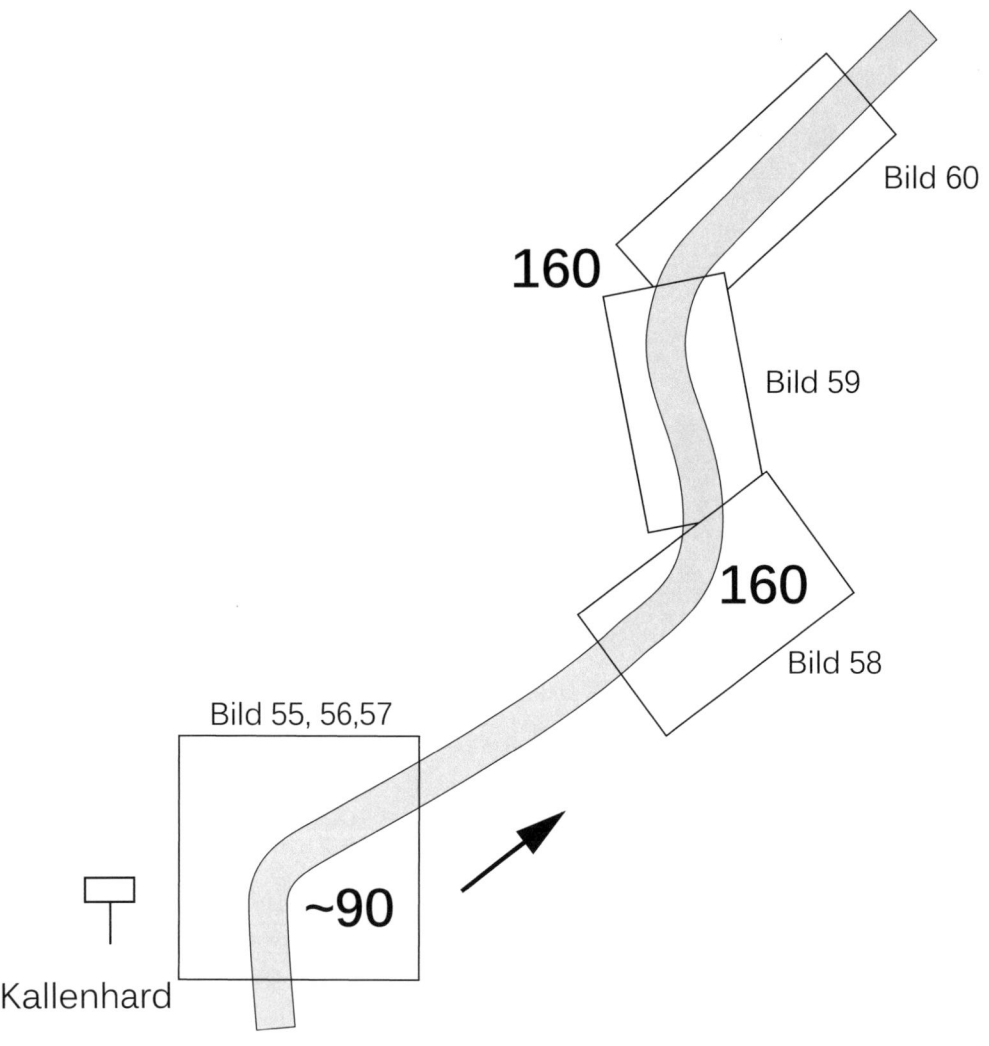

Bild 59

Bild 60

Bild 57

Bild 58

Bild 55

Bild 56

Wehrseifen

Die Dreifach-Rechts geht auch einen Tick schneller. Im Wehrseifen gibt es Fahrer die gerne noch eine extra Schleife fahren. Als Spätbremser fährst du wie Einfahrt Hatzenbach, spitz auf der Bremse in den Wehrseifen hinein und winkelst das Bike an dem Kreuz nach links ab

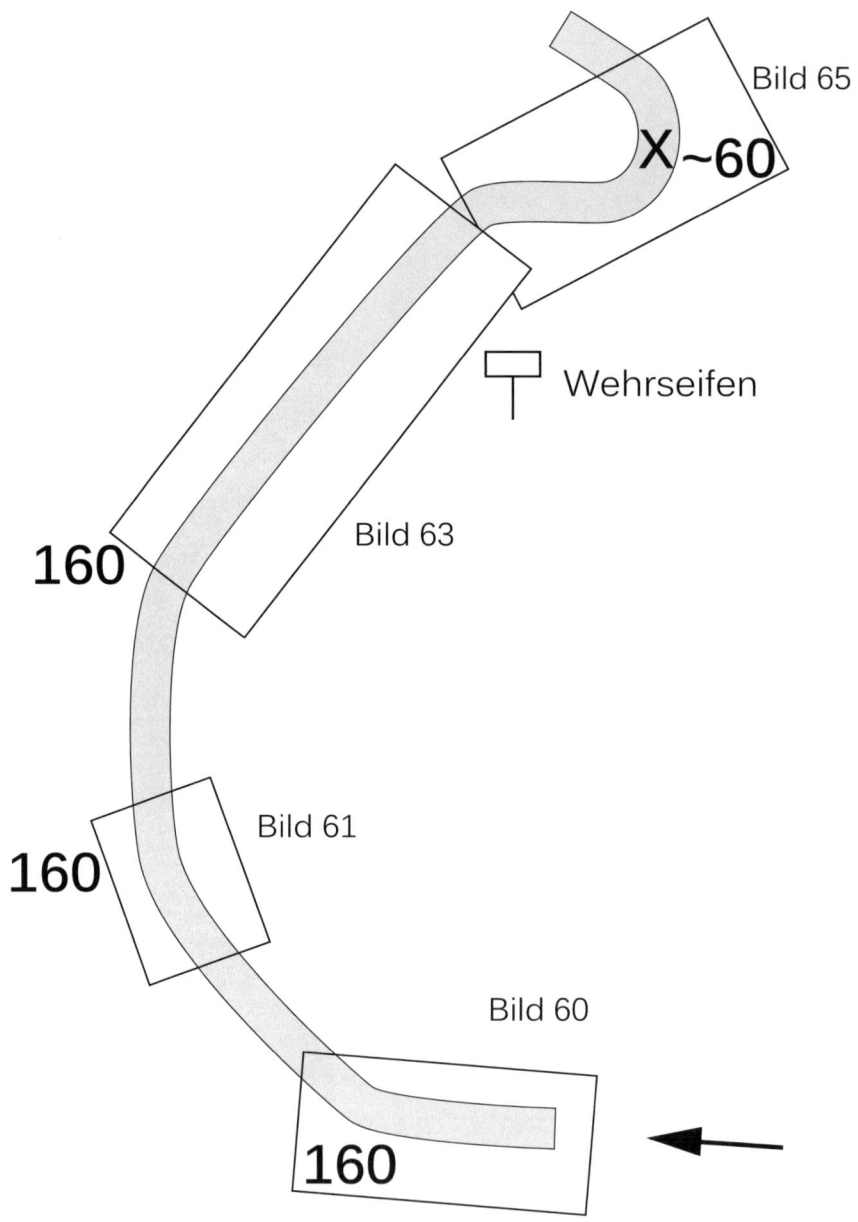

Bild 65

X ~60

Wehrseifen

Bild 63

160

Bild 61

160

Bild 60

160

Bild 64

Bild 65

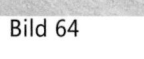

Bild 62

Bild 63

Bild 60

Bild 61

Zufahrt Breidscheid

Mit zunehmender Geschwindigkeit aus dem Wehrseifen herausbeschleunigen.

Und hey! Den Bremspunkt vor der ersten Links in Breidscheid musst du selber ausknobeln. Wie gesagt, jedes Motorrad hat je nach Gewicht des Fahrers einen anderen Bremspunkt. Wenn man auf der Nordschleife richtig schnell sein will, muss man wissen, wie man sein Motorrad zu einer niedrigeren Geschwindigkeit bremst, was das Abschätzen des Bremsweges impliziert.

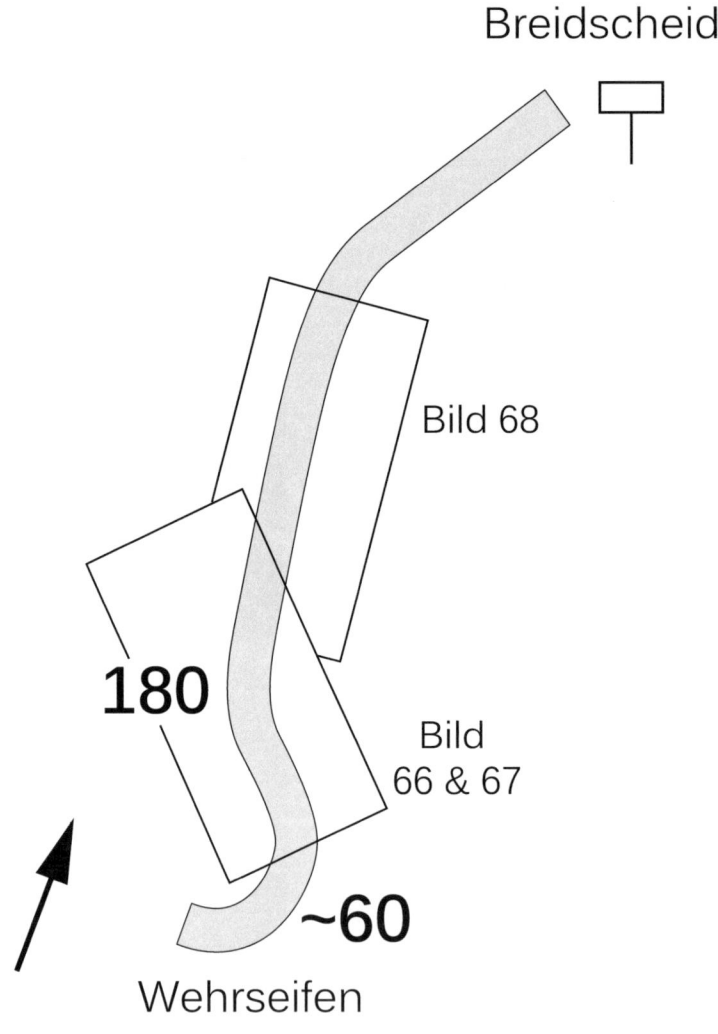

Breidscheid

Bild 68

180

Bild
66 & 67

~60

Wehrseifen

Bild 68

Bild 67

Bild 66

Breidscheid bis Exmühle

Hinab nach Breidscheid, geile Doppel-Links. ☺

Die zweite Links geht etwas schneller – ein eleganter Radius mit zunehmender Geschwindigkeit.

Vorsicht bei Exmühle, etwas uneben und macht leicht zu.

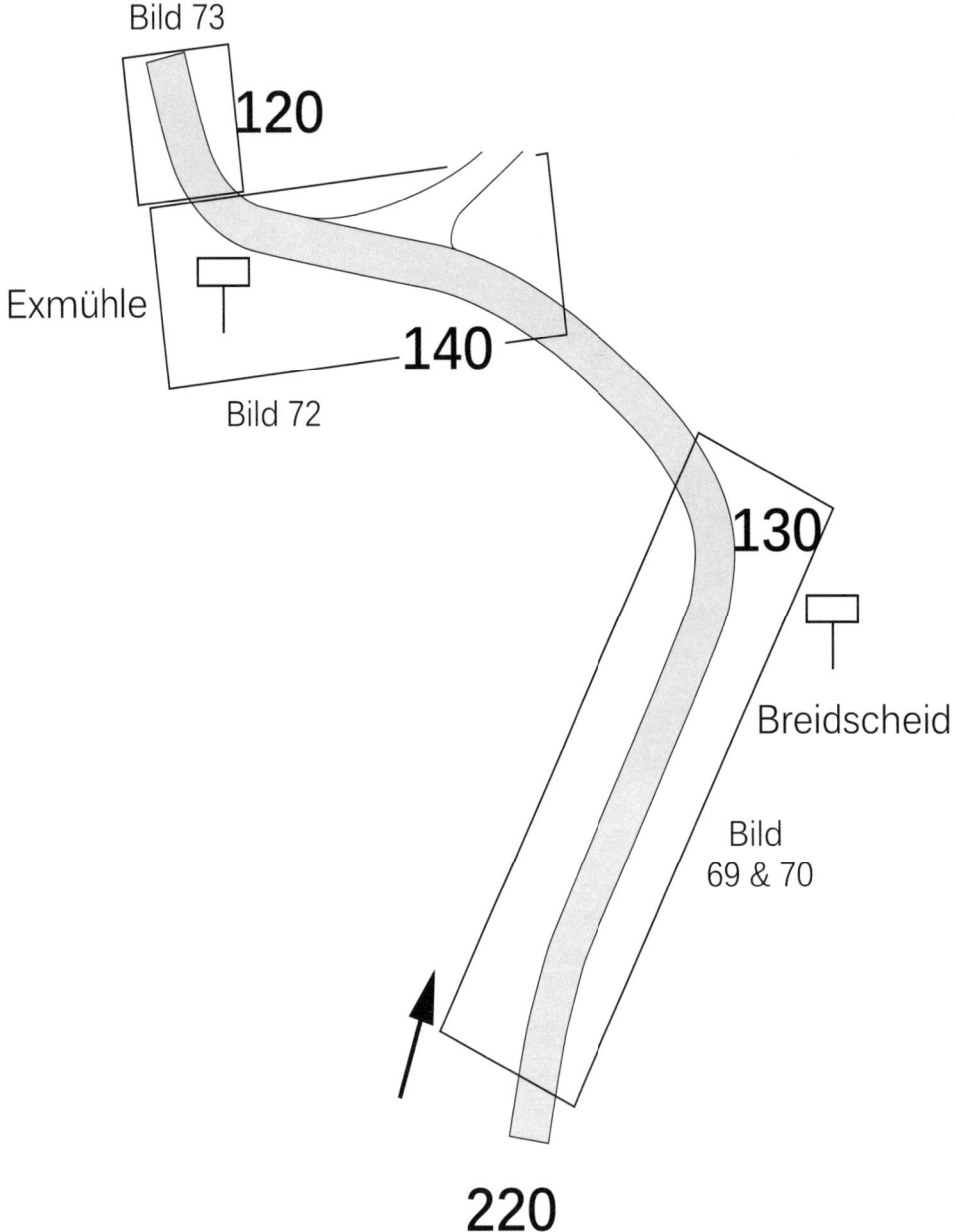

Bild 73

120

Exmühle

140

Bild 72

130

Breidscheid

Bild
69 & 70

220

Bild 73

Bild 71

Bild 72

Bild 69

Bild 70

Bergwerk

Exmühle raus wieder richtig Gas geben. Bild 75 zeigt die „Nicki Lauda" Links, hier wurde der Alt-meister getoastet.

Kurz nach der Links aus der Volllast heraus heftig in die Eisen steigen, sonst klappt es mit Berg-werk nicht mehr. Bergwerk wird spät eingelenkt, zu Beginn der dreifach beplankten Leitplanke. Bergwerk schien mir zu Anfang eine unendlich lange Kurve zu sein, und ich musste auch etwas üben.

Sehr viel „Blindflug" wie man sieht, heißt viel Kopfarbeit!

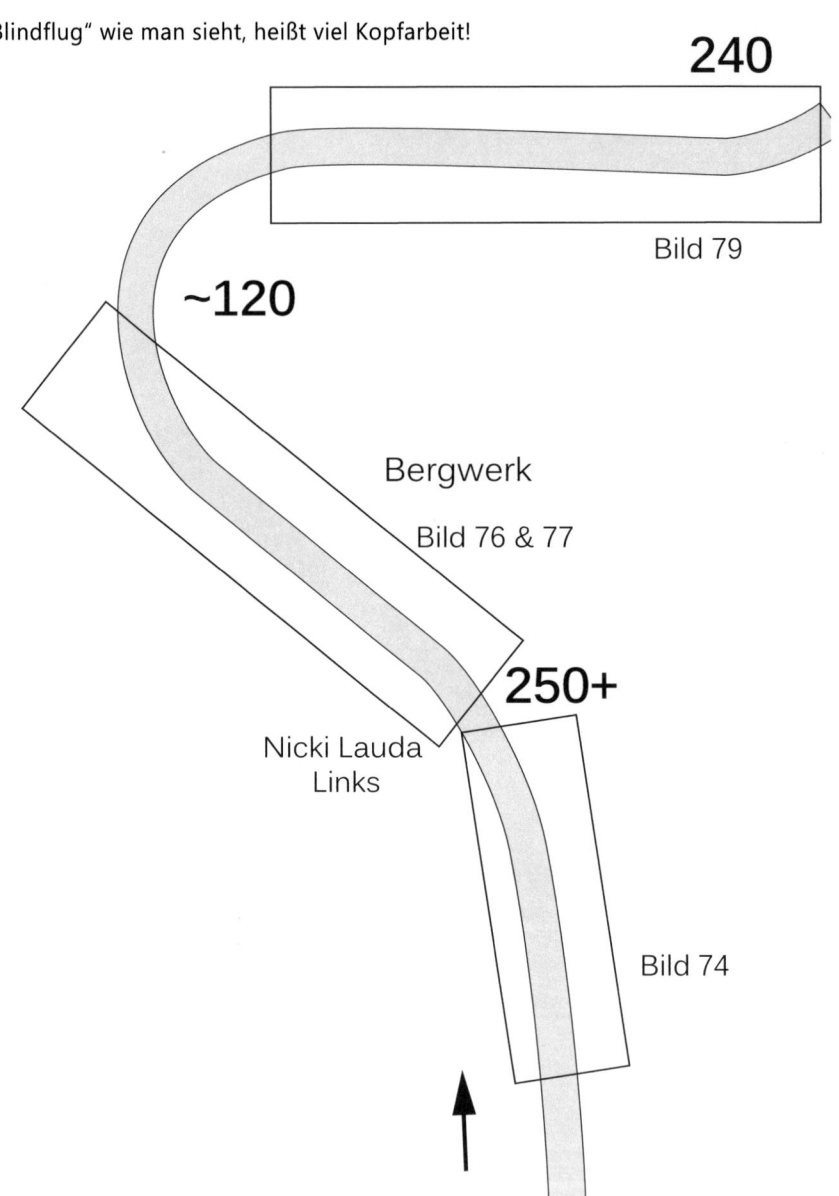

240

Bild 79

~120

Bergwerk

Bild 76 & 77

250+

Nicki Lauda
Links

Bild 74

Bild 78

Bild 79

Bild 76

Bild 77

Bild 74

Bild 75

Zufahrt Kesselchen

Jetzt zahlt sich die Streckenkenntnis aus: Lauter unübersichtliche Stellen in High Speed!

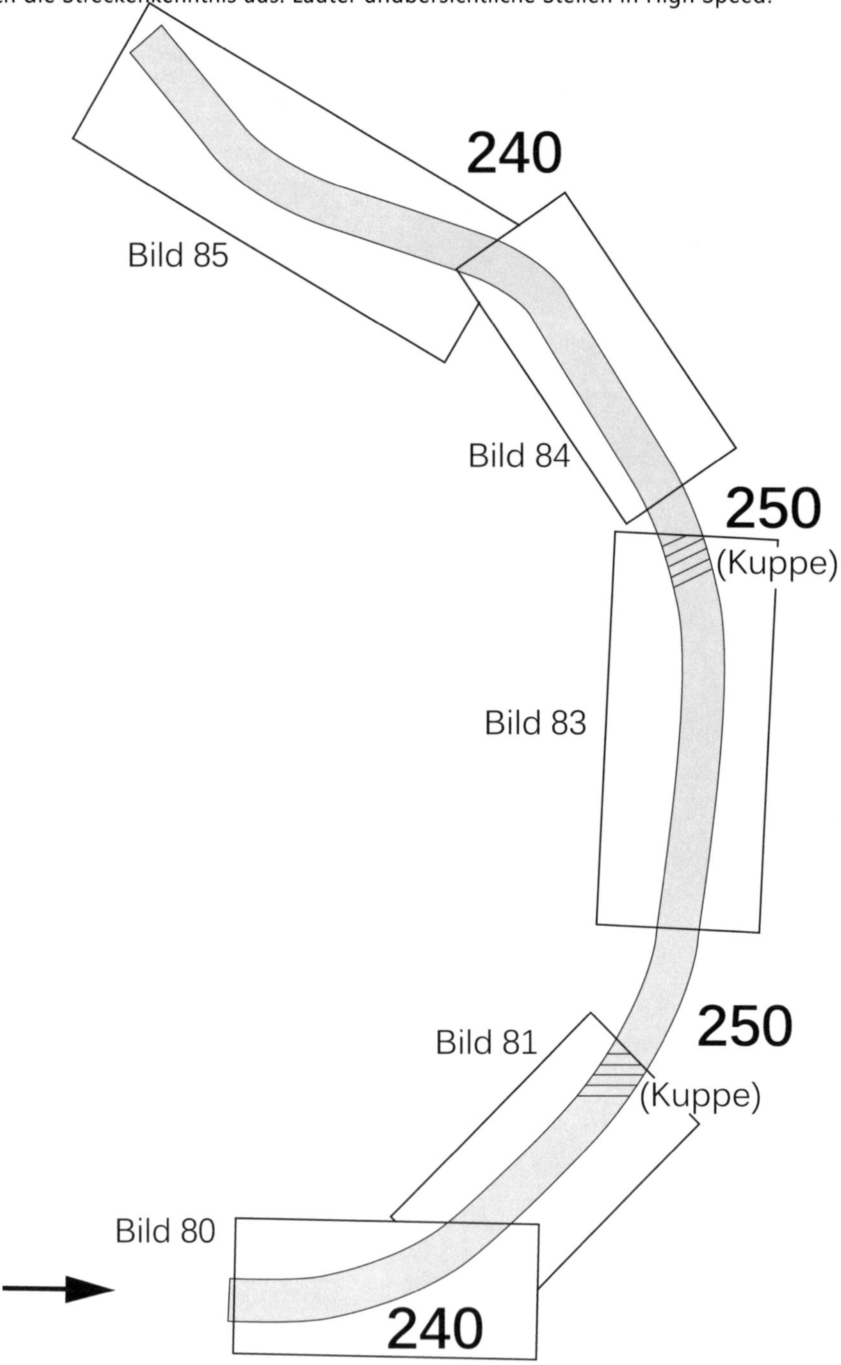

240

Bild 85

Bild 84

250
(Kuppe)

Bild 83

Bild 81

250
(Kuppe)

Bild 80

240

Bild 84

Bild 85

Bild 82

Bild 83

Bild 80

Bild 81

Kesselchen

Einer der schnellsten Abschnitte der Schleife. Was man mit dem Motorrad nicht so merkt, hier
Geht es richtig bergauf. Ich hab's gemerkt, bin mit dem Fahrrad hoch.
 Die Links auf Bild 89, 90 macht etwas zu, aufgrund dessen auch etwas langsamer fahren.

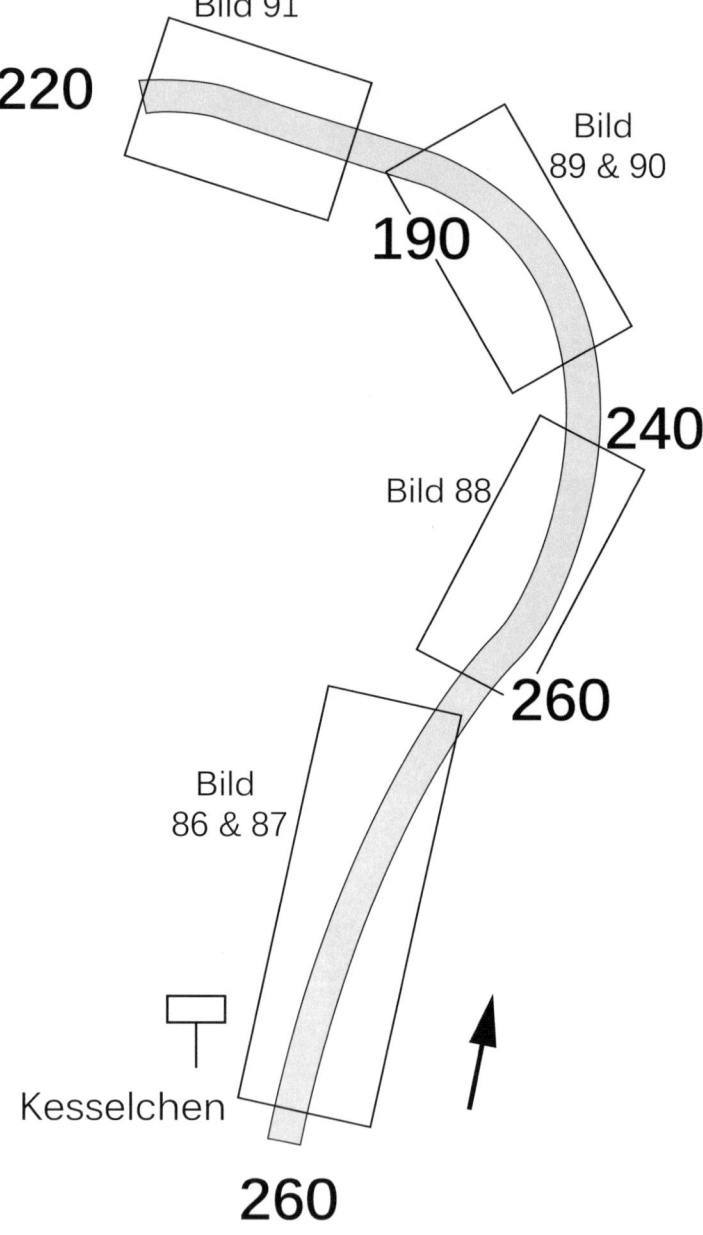

Bild 90

Bild 91

Bild 88

Bild 89

Bild 86

Bild 87

Ausgang Kesselchen und Klostertal

Nach der Kuppe auf Bild 92 mit wenig Gas durch die Rechtskurve, da die Räder noch entlastet sind. Zufahrt Klostertal an der Senke Bild 95 werden die Räder wieder leicht – Ruhe bewahren.

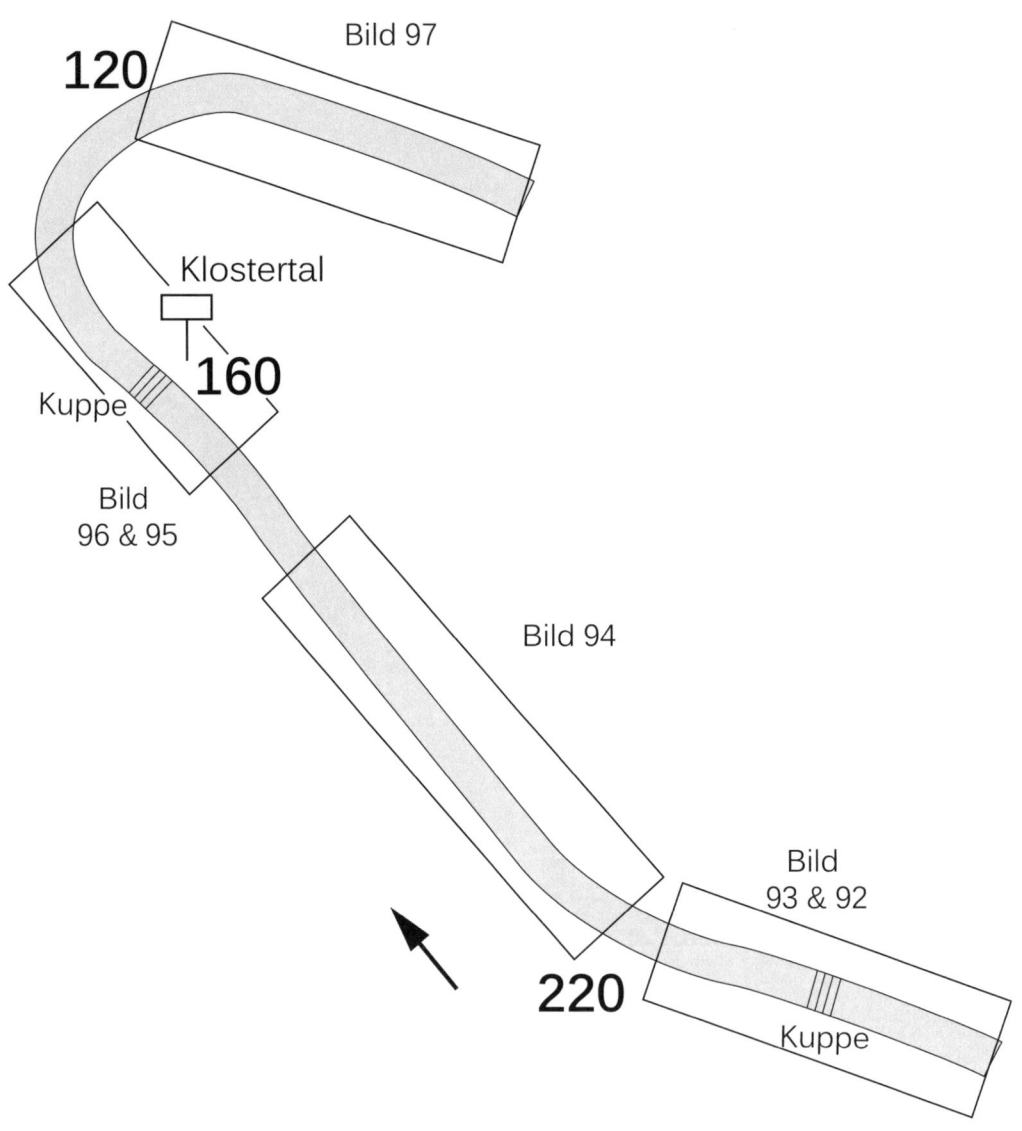

Bild 96

Bild 97

Bild 94

Bild 95

Bild 92

Bild 93

Karussell

Hinauf geht's zum Karussell. Man springt fast in das Oval hinein mit seinen Betonplatten. Genau genommen ist es etwa die zweite. Nun heißt es unten bleiben. Durch die hohe Kompression setzen hier auch leicht die Fußrasten auf. Vorsicht, die Steilkurve ganz zu Ende fahren, sonst wirkt die Schräge der Platten wie eine Sprungschanze.

Für die 220 auf Bild 102 braucht man richtig dicke Eier! 🙂

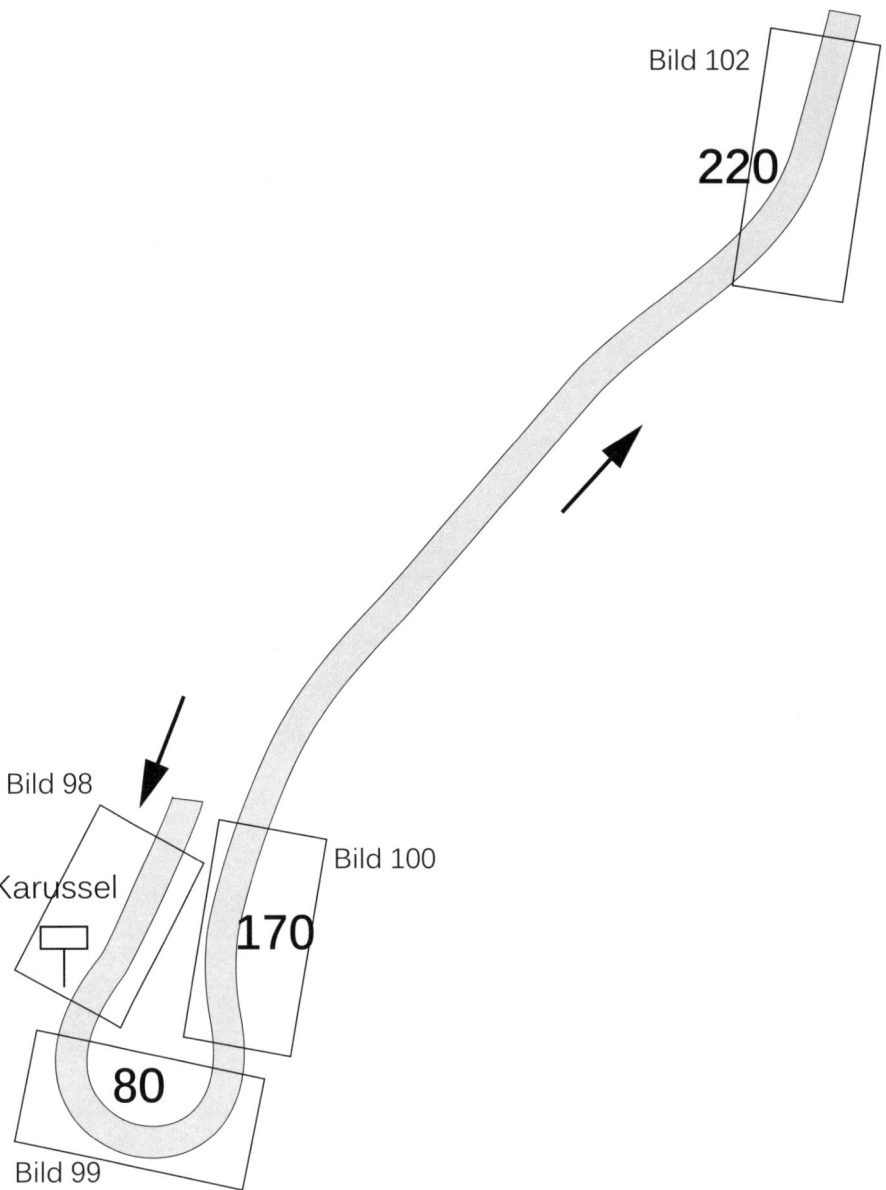

Bild 102

220

Bild 98

Karussel

Bild 100

170

80

Bild 99

Bild 102

Bild 100

Bild 101

Bild 98

Bild 99

Hohe Acht und Hedwigshöhe

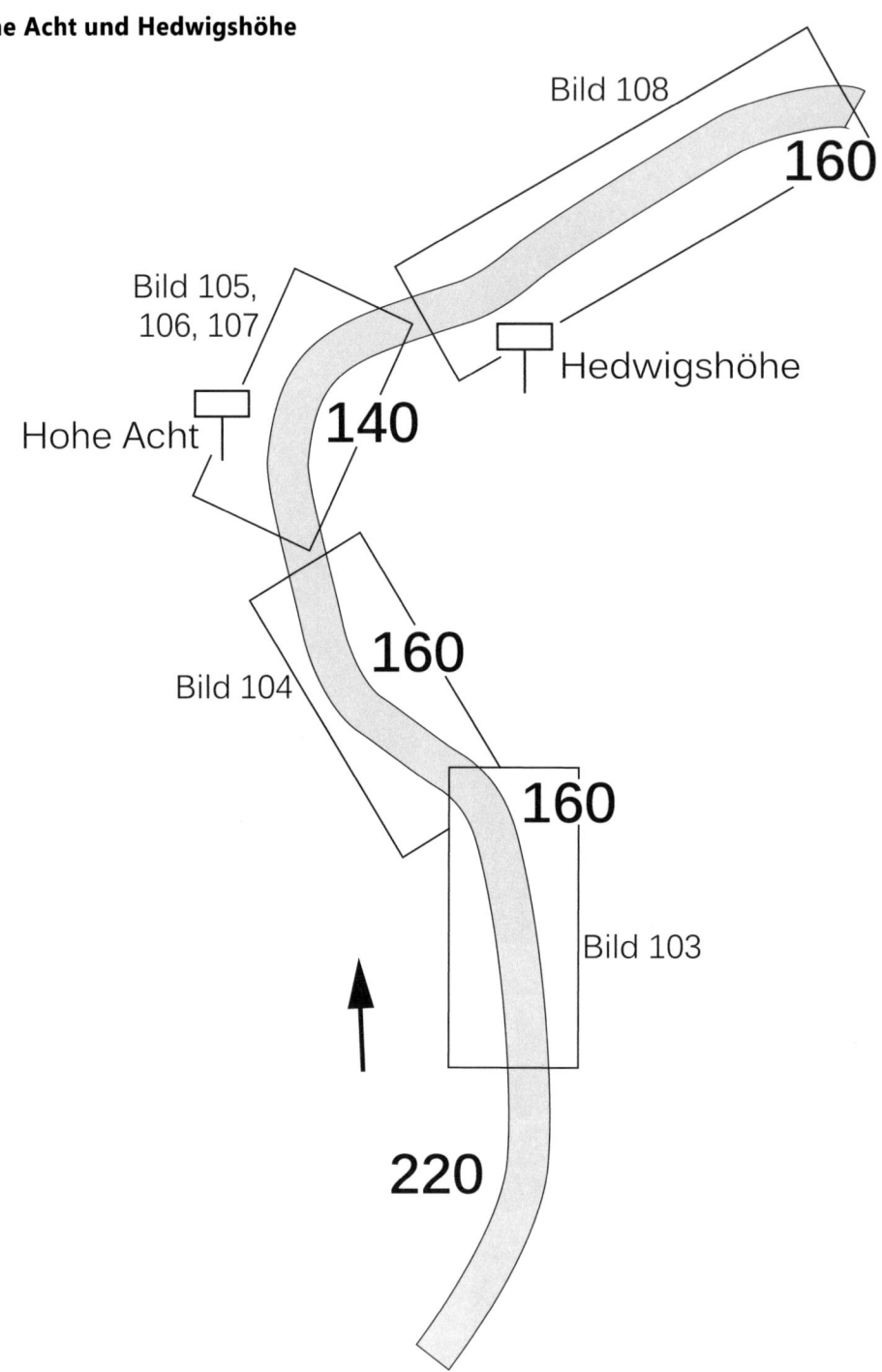

Bild 108

160

Bild 105, 106, 107

Hedwigshöhe

Hohe Acht

140

Bild 104

160

160

Bild 103

220

Bild 107

Bild 108

Bild 105

Bild 106

Bild 103

Bild 104

Wippermann und Eschbach

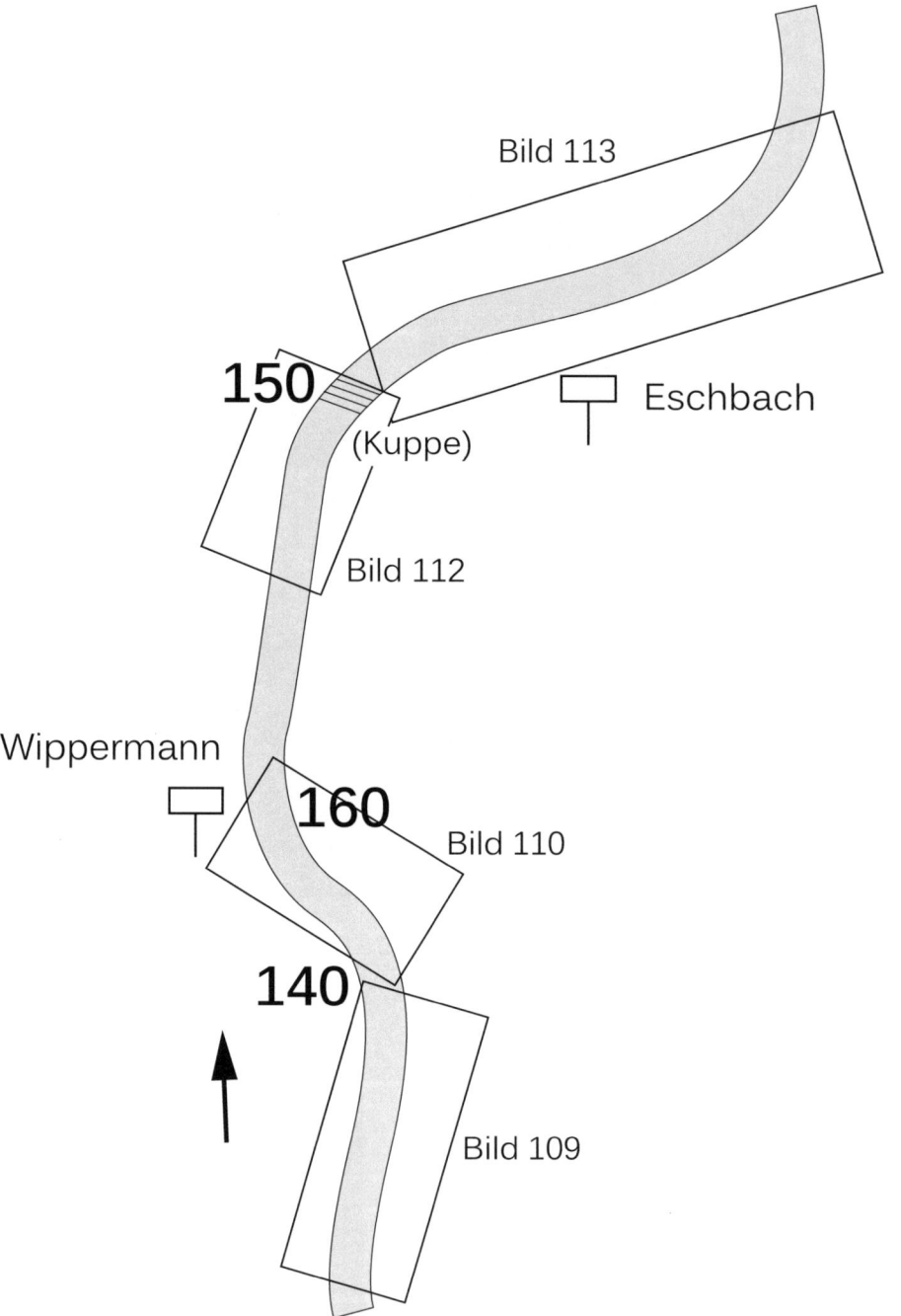

Bild 113

Eschbach

150

(Kuppe)

Bild 112

Wippermann

160

Bild 110

140

Bild 109

Bild 113

Bild 111

Bild 112

Bild 109

Bild 110

Brünnchen

Vorsicht vor der Rechts auf Bild 116 Einfahrt Brünnchen, hier geht's Bergab und du wirst merken, wie die Masse des Motorrades nach außen schiebt.

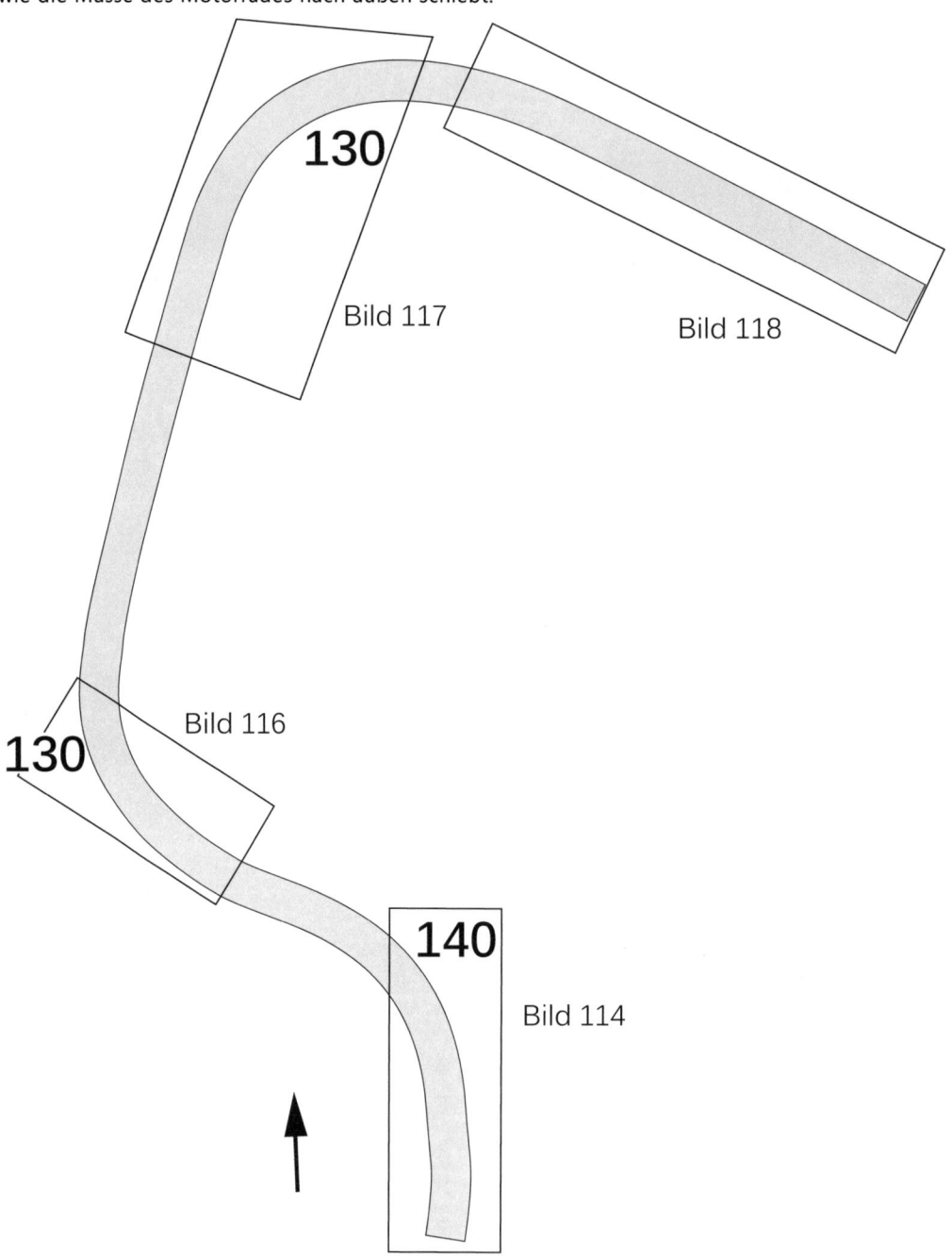

130

Bild 117

Bild 118

130

Bild 116

140

Bild 114

Bild 118

Bild 116

Bild 117

Bild 114

Bild 115

Eiskurve bis Pflanzgarten

Auf der Kuppe Bild 122 werden beide Räder den Bodenkontakt verlieren. Die Doppel-Rechts Bild 123 in einem Bogen durchfahren.

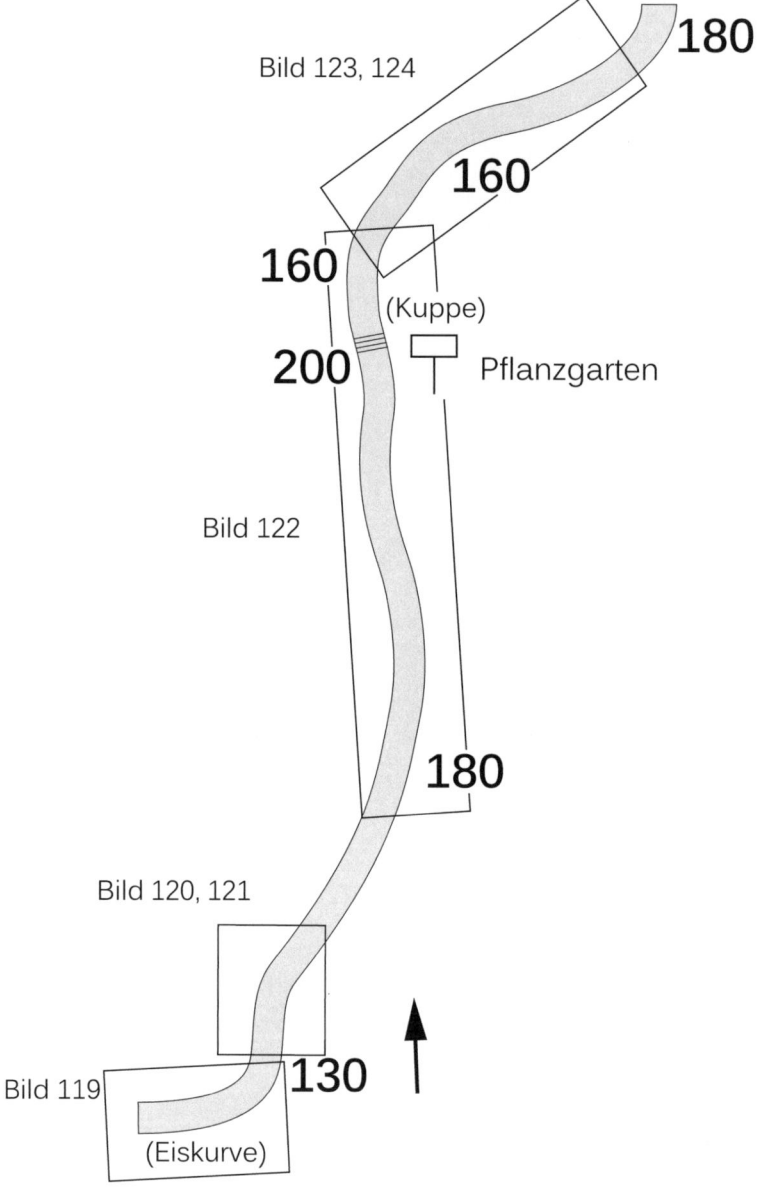

Bild 123, 124

180

160

160

(Kuppe)

200

Pflanzgarten

Bild 122

180

Bild 120, 121

Bild 119

130

(Eiskurve)

Bild 123

Bild 124

Bild 121

Bild 122

Bild 119

Bild 120

Pflanzgarten

Kuppe Bild 125. Hier ist auch Vorsicht geboten! Das Vorderrad wird sehr leicht. Diese Stelle erst mal langsam angehen!

Vorsicht bei der Kuppe Bild 127! Ich habs mal mit 220 versucht, endete mit einem Wirbelbruch und 10 Tagen Krankenhaus in Adenau. Diese Rechts-Links-Rechts-Kombination kann dicht an den Abweisern entlang fast gerade durchfahren werden.

Der Belag Rechtskurve Bild 129 Ende der Gerade ist etwas wellig geworden.

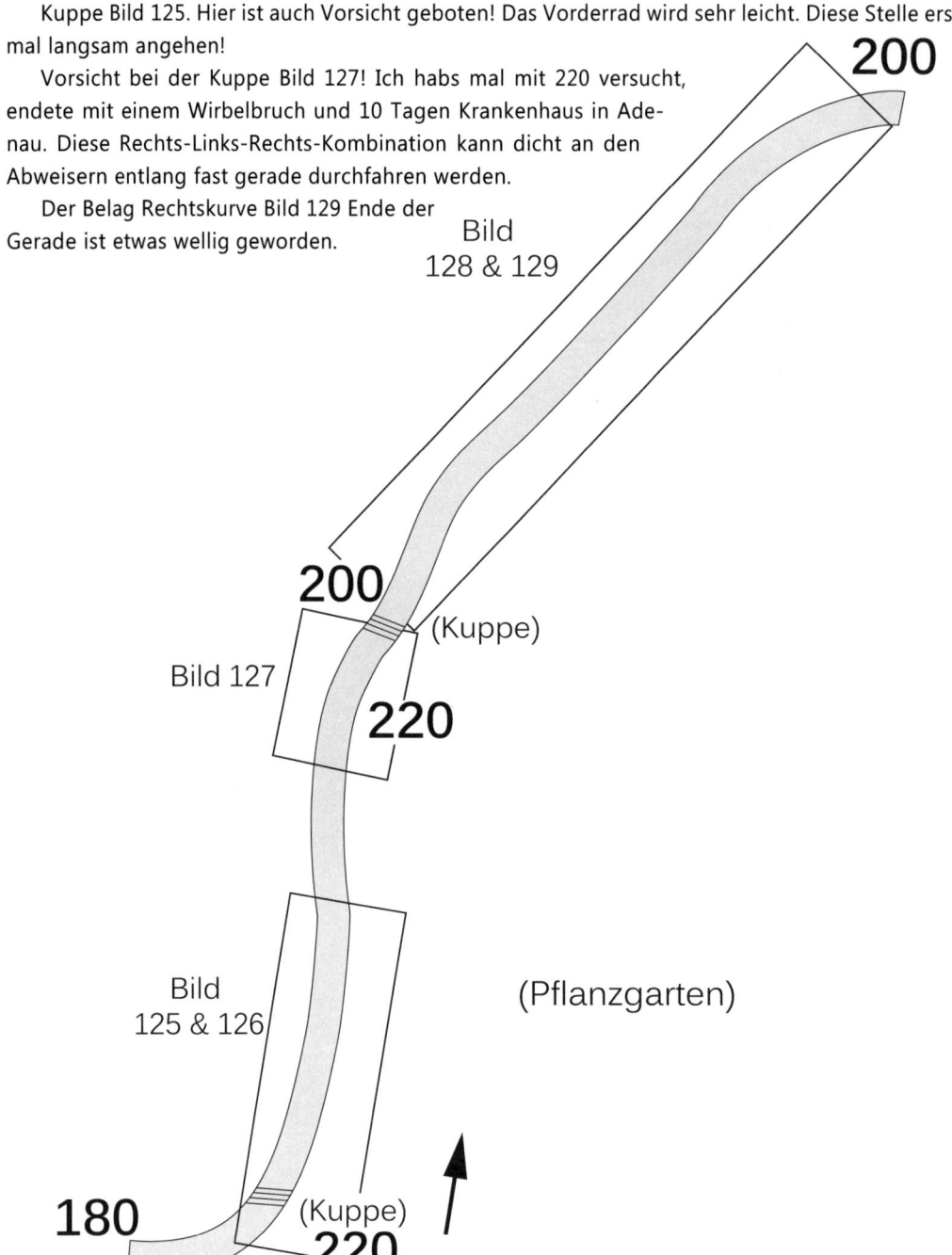

200

Bild
128 & 129

200

(Kuppe)

Bild 127

220

Bild
125 & 126

(Pflanzgarten)

180

(Kuppe)
220

Bild 129

Bild 130

Bild 127

Bild 128

Bild 125

Bild 126

Zufahrt Schwalbenschwanz, Galgenkopf bis Döttinger Höhe

Vorsicht, die Links Bild 131 ist schärfer als du denkst - eine kleine Haarnadel-Kurve, die am Ende etwas zu macht.

Der Schwalbenschwanz wird über die erste rechte Betonplatte in die Schräglage eingefahren. Hier gilt das gleiche wie im Karussell, unten bleiben bis zum Schluss!

Die Doppel-Rechts des Galgen-Kopfs in einem Bogen durchfahren und beschleunigend verlassen, sie geht am Ende auf. Den Bogen im Galgen-Kopf rauszukriegen bedarf etwas der Übung. - ab Mitte des ersten Rechtsknicks wird beschleunigt, wobei man je nach Leistung des Motorrades das Gas vor dem Scheitelpunkt des zweiten Knicks etwas weg nimmt. Die Döttinger-Höhe benutzen, um langsam zu fahren, damit sich Bremsen und Motor abkühlen können.

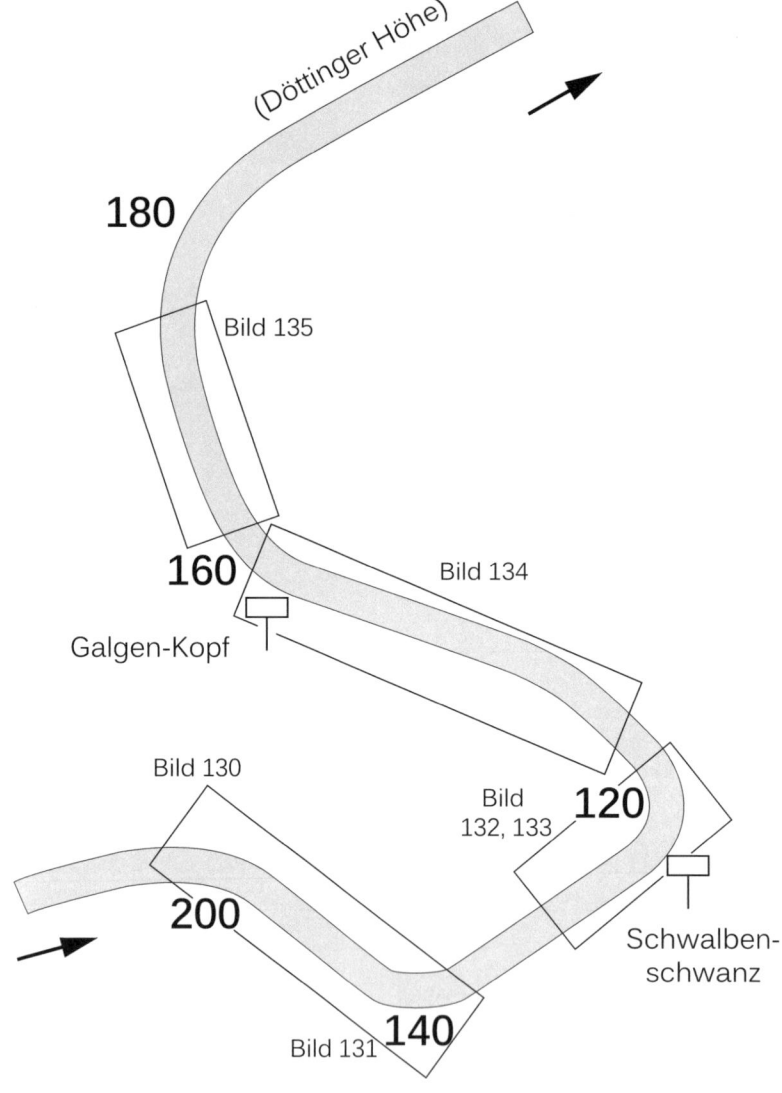

Bild 134

Bild 135

Bild 132

Bild 133

Bild 130

Bild 131

Schlußwort

Motorradfahren kann viel Freude bereiten. Man sollte ein Maximum an Sicherheit erzielen, und dies fängt an bei persönlichen Fähigkeiten. Erfahrung heißt nur, dass man Dinge oft getan hat. Es gibt gute und schlechte Erfahrungen. Dann gibt es Leute, welche schon 40 Jahre Motorrad fahren, aber in bestimmten Bereichen noch immer keine Erfahrung haben. Wie schon angesprochen: Wenn man wirklich Motorrad fahren können möchte, sollte man ein Fahrertraining auf der Nordschleife absolvieren.

Dieses Buch hier sind die Worte eines „Extremisten". Keiner sollte sich dazu veranlasst sehen, sich in irgendeine der vier Gruppen von Fahrern einzuordnen, dies ist meine persönliche Ansicht. Motorradfahren soll Vergnügen bereiten, und jeder tut dies auf seine eigene Weise!

Noch ein Wort zu den Rasern:
Übrigens, die Definition von Rasen ist: Sich mit höchst möglicher Geschwindigkeit fortbewegen. Dies ist eine Kunst! Allerdings ist der öffentliche Straßenverkehr nicht der geeignete Ort dazu. Der durchschnittliche Kraftfahrzeugführer kann hohe Geschwindigkeit nicht einschätzen, geschweige denn damit umgehen.

Also, übt euch in Besonnenheit!

Wolfgang Fries

Über den Autor

Wolfgang Fries, am 16.01.1966 in St.Wendel/Saarland geboren. Ich hatte eine reguläre Schulausbildung bis zur mittleren Reife. War Zeitsoldat bei der Bundeswehr, bis ich 1994 ins Handwerk kam.

Im Handwerk zu arbeiten war für mich eine Bereicherung im Leben. Ich konnte gut gesellschaftliche Kontakte knüpfen und war nach getaner Arbeit immer noch gerne gesehen. Es schlossen sich einige Freundschaften und ich fühlte eine soziale Verbundenheit mit meinen Mitmenschen.

Leider musste ich dieses schöne Handwerk aufgeben. So wie es aussieht können schlechte Dinge auch ihr Gutes haben. Würde ich nicht im Rollstuhl sitzen, hätte ich dies hier wahrscheinlich nie geschrieben. Bei einem verhängnisvollen Unfall mit dem Motorrad brach ich mir die Wirbelsäule und bin seit dem irreparabel querschnittsgelähmt. Beim Geradeausfahren kam ich beim Anbremsen vor einer Kurve auf einem Ölfleck zu Fall, auf der Landstraße.

Doch es gibt etwas im Leben, was man kennen sollte: **Das Leben selbst**. Bei all der Arbeit die man tut, all dem Spaß den man hat, sollte man dies nie vergessen.
Und genau das war mein Bestreben.

Es ist nicht einfach herauszufinden, was oder wer man ist. Ist man Handwerker, Ingenieur, Denker, Rennfahrer ...

Du kannst alles sein, du musst dich nur entscheiden!

Weitere Bücher

Philosophie des Lebens - Das Buch der Grundlagen -

Was sind die Grundlagen des Daseins? Welche Geisteshaltung bedarf es in der heutigen Zeit um im Leben bestehen zu können, um Glück und Wohlergehen zu erfahren? Was ist wichtig zu wissen?

Der Mensch selbst, als denkendes Wesen ist der Ansicht, dass seine mächtigste Waffe der Verstand ist. Aufgrund seiner Fähigkeit zu denken hat er sich die Erde zum Untertan gemacht. Und tatsächlich, das Denken bestimmt das Handeln des Menschen, der Mensch ist nur so stabil wie sein Gedanke.

Der Gedanke selbst fußt auf Grundlagen die bestimmend dazu sind, wie man überlebt. So versucht der Mensch sich selbst, sein Denken und Handeln, die Welt um sich herum zu verstehen.

Verstehen: Was ist wichtiger als Verstehen selbst?

Grundlagen komprimiert verpackt, in kurzen Texten dargestellt. Mehr als 200 Essays führen den Leser zu mehr Verstehen im Leben und über das Leben selbst, sei es nun über den Menschen, das Denken, Glücklichsein, Beziehung, Lernen, Beruf, den Ursprung von Krankheiten, gesellschaftliches Dasein, Religion, Politik oder Freiheit.

Die Probleme des Menschen werden von der Ursache her geschildert und Lösungen angeboten. Es macht einen Unterschied dieses Wissen zu haben und sich dadurch selbst zu helfen.

Als Taschenbuch oder als Bibliotheken-Ausgabe im extra stabilen Hardcover-Format und Fadenbindung herausgegeben. „Philosophie des Lebens – Das Buch der Grundlagen" ist der Gesamt-Band welcher die Bücher „Meine Philosophie", „Lernen wie man lernt, lernen wie man versteht", „Eine glückliche Beziehung führen", „Rückführung – Einführung und Kurzanleitung" und ehemals „Im Leben bestehen – Die Bibel des 21sten Jahrhunderts" in einem Buch vereint.

Philosophie des Lebens - Das Buch der Grundlagen -; 656 Seiten, 2017.

ISBN: **978-3-7357-8561-9** - Hardcover,

ISBN: **978-3-7460-2923-8** - Taschenbuch

Menschenrechte und Pflichten - revidiert

Die Gewährleistung der Menschrechte in einer geordneten Umgebung ist das Fundament für ein friedliches Zusammensein und einer gedeihenden Zivilisation. In einer feindlichen Umgebung mit Kämpfen und Zerstörung gibt es kein friedliches Zusammensein und keine gedeihende Zivilisation, welche durch ihre Errungenschaften in Medizin, Technik und den Wissenschaften zur Wohlfahrt des Menschen beiträgt.

Aber was zeichnet die Menschenrechte nun aus, dass diese zu einem friedlichen Zusammenleben führen und zum Wohlergehen des Menschen beitragen?

Zuerst braucht der Mensch die grundlegende Einstellung und dann entsprechendes Wissen und einen Kodex um dies zu verwirklichen. Es ist also eine Sache an der jeder einzelne arbeiten muss.

Menschenrechte und Pflichten - revidiert; 32 Seiten, 2017

ISBN: **978-3-7460-1913-0**

Eine glückliche Beziehung führen

Ich liebe dich! Was meint die Person, wenn sie sagt: „Ich liebe dich?" Sie sieht den anderen und hat diese Empfindung. Aber ist es nicht eine körperliche Angelegenheit oder eine seelische? Doch wie ist es mit der Person selbst? Ist es nicht so, dass die Person mit ihren Gedanken die größte Rolle spielt und entscheidet?

Was sind die Grundlagen für eine glückliche Beziehung? Nach welchen Regeln wird dieses Spiel gespielt? Es ist das Individuum, welches mit einem anderen Individuum eine Verbindung eingehen möchte. Somit ist die Grundlage für eine Beziehung das Individuum.

Es nutzt nichts nur das Gefühl der Liebe für den anderen in sich zu tragen, es gibt Dinge die die Beziehung zueinander fördern und Dinge die einer Beziehung abträglich sind. Einige sprechen von Liebe und Verliebtsein, dass also beim Verliebtsein die Empfindung der Liebe am stärksten ist und dass dieses Gefühl im Laufe der Zeit nachlässt. Aber warum ist das so und was kann man dagegen tun?

Lernen Sie die Grundlagen über eine glückliche Partnerschaft kennen, damit Ihre Beziehung von Glück und Dauer gesegnet ist.

Eine glückliche Beziehung führen; 104 Seiten, 2017

ISBN: **978-3-7460-2970-2**

Lernen wie man lernt, lernen wie man versteht

Verstehen ist eine des Lebens innewohnende Fähigkeit und besonders der Mensch als lebende Einheit versucht durch Verstehen mit seiner Umgebung zurechtzukommen – somit kann Verstehen zu einer umfangreichen Sache werden.

Der Hersteller von Autos muss nicht nur etwas über Motor, Karosserie und Fahrwerk wissen, sondern auch etwas über menschliche Anatomie und menschliche Vorlieben – schau, die Größe der Sitze, der Abstand zum Lenkrad, die Höhe der Windschutzscheibe befinden sich in einem bestimmten Bereich und das Auto soll schön sein, sonst wird es nicht gekauft.

Ebenso Verstehen und Lernen als Fachgebiet, es beinhaltet die Grundlagen des Verstandes, Wörterbücher, richtiges Beobachten, persönliche Einstellung, Wissen über die Gesunderhaltung des Körpers, um auch Leistungsfähig bei der geistigen Arbeit zu sein. In diesem Buch wird etwas umfassend gearbeitet, um nicht nur ein Konzept über Lernen und Verstehen zu bekommen, sondern auch eine entsprechende Einstellung.

In diesem Werk wird ein Denkraster vermittelt und dem Leser die Werkzeuge gegeben, die er zum Lernen und Verstehen braucht - unabdingbar für ein erfolgreiches Studium. Es nutzt nichts über Gehirnwindungen, Speicherkapazität von Hirnzellen und Synapsen zu wissen, dies ist bloßes Wissen und muss selbst erlernt werden. Vielmehr geht es darum eine Technologie an den Mann zu bringen, also Wissen welches angewendet werden kann.

Lernen wie man lernt, lernen wie man versteht; 180 Seiten, 2017

ISBN: **978-3-8482-6448-3**

Erfolg im Handwerk – Der Stukkateurmeister

Ein Handwerksmeister beschreibt seinen Werdegang, den Schlamassel des Ausbildungssystems und seinen Weg da durch. Das Buch enthält viele Tipps und Tricks, wie man in Ausbildung, Beruf und Gesundheit erfolgreich sein kann.

Dieses Buch zeigt die alten Werte und einen Weg zum Erfolg!

Die aufgeführten Texte sind keine Romane, es ist niedergeschriebene einfache Beobachtung ohne Interpretation oder Meinung. Das Buch zeigt das Fundament, auf das sich das Haus aufbaut. Wie und aus welchen Steinen das Haus gebaut wird ist eine andere Sache. Wenn das Haus auch zusammenbricht. Das Fundament hält!

152 Seiten, 2017

ISBN: 978-3-8482-0675-9

Rückführung - Eine Kurzanleitung

Einige möchten in einer Rückführung ihre Vergangenheit entdecken und ob es denn tatsächlich so etwas gäbe wie vergangene Leben. Andere wiederum versuchen im psychologischen Ansatz in ihre frühe Kindheit einzudringen, um dort Traumen, Erfahrungen zu finden, um Probleme im gegenwärtigen Alltag lösen zu können – eine Regressionstherapie. Ja, einige sind so von ihren Erfahrungen gebrandmarkt, dass sie sich mehr und mehr vom Leben zurückziehen, Angst haben irgendwelchen weiteren schlechten Erfahrungen zum Opfer zu fallen. Es entwickeln sich Vorurteile gegenüber der Umgebung, gegenüber seinen Mitmenschen, da diese ähnliche Merkmale haben wie das einst Böse was einem widerfahren ist.

So regiert der Gedanke den Menschen und es scheint ihm bisweilen unmöglich über seinen eigenen Schatten zu springen. Aber was gibt dem Gedanken diese Kraft, was sind die Grundgesetze des Verstandes und was kann man tun, um der einstigen Erfahrung die Macht zu nehmen, um ein Leben leben zu können ohne dass der Schatten der Vergangenheit das Dasein verdunkelt?

Eine Rückführung ist nicht nur eine Reise in die Vergangenheit. In einer Rückführung entdeckt sich die Person selber, sie kann für sich all die Kraft und Motivation wiedergewinnen die sie durch ihre Erfahrungen verloren hat und neue Freude am Leben gewinnen. Leute sprechen über das Verarbeiten von schlechten Erfahrungen und mal ehrlich, hat überhaupt jemand eine Ahnung darüber wie man das Ladungspotential eines Gedanken, einer Erfahrung verringert? Wenn nicht, wie kann er dann Erfahrungen verarbeiten? Ich meine, selbst die Experten der geistigen Gesundheit, der Psychologe oder der Psychiater wissen nichts darüber, diese sprechen über die Funktionsweise des Gehirns, also chemischen, materiellen Vorgängen.

Somit haben wir also eine Grundlage, den Gedanken und die Energie mit der der Gedanke die Person antreibt.

Dieses Buch gibt einen kurzen Einblick über eine neue Sichtweise des Menschen und zeigt eine Vorgehensweise, um die Schatten der Vergangenheit zu besiegen.

Rückführung - Einführung und Kurzanleitung; 100 Seiten, 2017

ISBN: **978-3-7322-9607-1**